Copyright © 2024, Regina Ragnelli

Alguns nomes dos personagens mencionados nesta história são fictícios. Qualquer semelhança com pessoas reais, vivas ou falecidas, é mera coincidência.

EDIÇÃO Felipe Damorim e Leonardo Garzaro
ASSISTENTE EDITORIAL André Esteves
ARTE Vinicius Oliveira e Silvia Andrade
REVISÃO E PREPARAÇÃO André Esteves
IMAGEM CAPA Iam Anupong

CONSELHO EDITORIAL
Felipe Damorim
Leonardo Garzaro
Vinicius Oliveira

Dados Internacionais de Catalogação na Publicação (CIP)
(Câmara Brasileira do Livro, SP, Brasil)

R143t
    Ragnelli, Regina
    A trajetória de uma alma aprendiz / Regina Ragnelli.
    – Santo André-SP: Ribalta, 2024
    176 p.; 14 × 21 cm
    ISBN 978-65-81462-92-5
    1. Biografia. I. Ragnelli, Regina. II. Título.

                                        CDD 920

Índice para catálogo sistemático:
I. Biografia
Elaborada por Bibliotecária Janaina Ramos – CRB-8/9166

[2024] Todos os direitos desta edição reservados à:
Ribalta Editora
Rua da Fonte, 275, sala 62B - 09040-270 - Santo André, SP.

editoraribalta.com.br
facebook.com/editoraribalta
instagram.com/editoraribalta

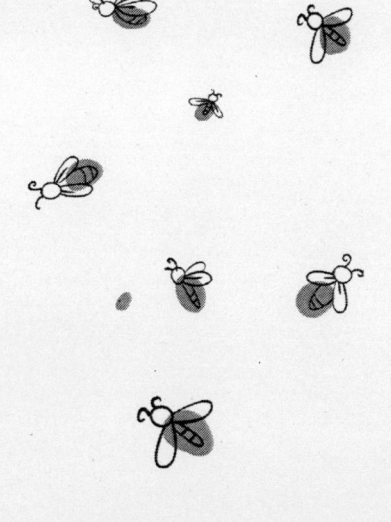

A trajetória de uma alma aprendiz

REGINA RAGNELLI

Dedico esse livro ao meu mentor espiritual São João Bosco e à Nossa Senhora, a minha mãezinha do céu, que, com a permissão divina, me intuíram e me auxiliaram nessa grande jornada de uma alma cedente de vida e amor!

"A educação é coisa do coração."
— São João Bosco

Capítulo 1

UMA BREVE APRESENTAÇÃO

Este livro tem como missão ajudar aquelas pessoas que não têm a coragem de se olhar no espelho e aceitar que podemos errar. E, principalmente, mostrar a todos que sempre podemos recomeçar.

Somos aprendizes em um jogo em que criamos os problemas e corremos atrás do ser divino para nos ajudar a solucioná-los. Isso está errado? Claro que não. Aliás, o que é errado? Esse questionamento nos levará a outro livro, o que não é o objetivo.

Neste, vou escrever um pouco sobre minha trajetória de vida.

Nada é por acaso; gosto de usar essa frase: tudo está previsto.

Nossa alma nasce com um propósito, mas temos que aprender a entender o caminho dela, ou seja, o caminho de Deus. Costumo dizer como é difícil, doloroso, prazeroso, encantador, edificante. Parece longo, parece complicado. Enfim, o caminho da alma só percorre quem tem coragem, quem entende que ninguém muda ninguém, mas eu tenho o poder de me mudar.

Minha missão é clara: imperfeita, retalhando todos os nós do fracasso, linha por linha, tentando desesperadamente sanar todas as dores de um mundo cruel, e transformando a escuridão na minha própria luz, no desespero de buscar outras almas, onde a partilha e o amor mostrarão um novo caminho!

Vamos agora para a história da minha alma.

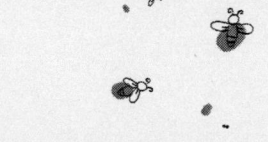

"Educai as crianças e não será preciso punir os homens."
— Pitágoras

Capítulo 2

MINHA INFÂNCIA

Nasci em 31 de janeiro de 1966, filha de dois imigrantes italianos. Eles tiveram quatro filhos, e eu sou a caçula dessa família.

Os dois, meu pai e minha mãe, eram pessoas extremamente fortes; vieram para o Brasil depois da guerra na Itália. Tudo mudou para eles. Se conheceram aqui, ela com dezessete anos e ele com vinte e quatro, já em solo brasileiro.

Morávamos no Parque São Lucas. Minha casa era simples; a cozinha era de madeira, muito limpa e organizada. Minha mãe sempre foi exagerada nos cuidados com a limpeza.

Tínhamos um quintal grande, com abacateiro, goiabeira, bananeira e horta. Meu irmão vendia sorvete e fazia carretos para que minha mãe pudesse comprar o que faltava na feira. Importante dizer a diferença de idade entre os irmãos: a primogênita, Luzia, tinha dez anos a mais que eu; Alfredo, oito anos; e Ângela, seis anos.

Cada um tinha um papel: Luzia era a cuidadora, Alfredo o provedor, Ângela a conciliadora, e eu, bom, ainda procuro um adjetivo para definir meu papel na família.

Meu pai era um homem calado, honesto e trabalhador. Sofria muito com problemas de artrose e asma, pois guardava tudo para si. Acho que me identifico com ele. Não sou calada, mas guardo muito para mim. Minha mãe era bondosa, trabalhadora, nervosa e carinhosa, com uma mente inquieta. Sempre teve um mundo paralelo dentro de sua mente e não conseguia lidar com tanta energia mental. Novamente, me identifico. Ambos sempre nos passaram muitos valores; a fé foi nossa melhor herança. Essa estrutura era o pilar da minha alma.

Quando eu tinha uns oito anos, todos precisaram trabalhar, pois íamos perder a casa localizada na Avenida Anhaia Mello, onde eu ficava sozinha e trancada. Estudava pela manhã. Essa realidade não era algo isolado; as mães precisavam trabalhar, então, no período sem aula, trancavam os filhos em casa. Estudava em um colégio público e todos os dias passava na casa da Selma, uma amiguinha da mesma idade. Íamos juntas para a escola.

Hoje, com a experiência que tenho, percebo que provavelmente apresentava dislexia. Tinha dificuldades de aprendizado, trocava letras e possuía problemas para memorizar. Na segunda série, tive uma professora muito brava que puxava a minha orelha. Havia um amiguinho que tinha uns treze anos e sentava atrás de mim. Ele bagunçava e eu levava a culpa. Comecei a ter medo da escola.

A dislexia é um transtorno específico de aprendizagem que afeta habilidades básicas de leitura, escrita e soletração. É uma condição neurológica e não está relacionada à inteligência geral. Crianças com dislexia podem ter dificuldades para decodificar palavras, reconhecê-las de forma automática e associar sons a letras. E era exatamente tudo o que acontecia comigo.

Ainda por infelicidade, nessa mesma época, toda a minha família havia ido trabalhar. Eu ficava sozinha e uma vizinha gritava "Olha o monstro!". Lembro-me como se fosse hoje: eu sentada no corredor de casa, abraçando os joelhos e chorando. Ficava assim por horas.

Um dia, minha mãe me levou ao supermercado e comprou um suco de uva. Estava muito quente e, enquanto eu tomava o suco, um cachorro avançou em mim, latindo muito.

Quando cheguei em casa, estava estranha, como se estivesse desconectada do meu corpo. Achei que fosse por causa do suco, pois estava enjoada. Resolvi deitar e acordei no hospital, em um berço onde não dava para esticar as pernas. Fiquei assustada.

Daquele dia em diante, o medo prevaleceu na minha vida: medo de ficar sozinha, medo de suco de uva, medo de cachorro, medo de calor intenso, medo de dormir, medo de hospital.

Minha alma encolheu, tudo ficou difícil, tudo perdeu a graça. No hospital, me encaminharam para fazer um eletroencefalograma e descobriram que eu tinha disritmia cerebral epiléptica. Minha alma começou a gritar.

Com esse diagnóstico, minha irmã Ângela parou de trabalhar para ficar comigo em casa. Foi um período difícil, mas ela me ajudou a ser uma pessoa forte e lutadora. A Ângela é um tipo de alma grande, acolhedora, bondosa, forte e, ao mesmo tempo, frágil. Espalha muito amor e precisa de muito amor. É muito voltada para a família e, quase me esquecendo, é muito, muito trabalhadora. Tenho muita influência dela. O legal de ser a caçula é que você vai admirando os mais velhos e incorporando suas qualidades!

Ângela sempre esteve presente na minha vida, sofreu vendo minhas crises, acompanhou minha gravidez, foi para o hospital comigo e me forneceu um quarto logo após o parto, quando fiquei sem onde morar. Relatarei um pouco mais à frente sobre isso.

Com o Alfredo, meu único irmão, coitado, só ele de homem, aprendi a gostar de vôlei e basquete, e ele me presenteava com bolas oficiais, o que fazia os amigos morrerem de inveja. Também me influenciou na vida cristã. Muito responsável, começou a trabalhar com onze anos e fazia de tudo para auxiliar financeiramente a família. Trabalhador, uma alma abençoada com o dom da oratória. Quando eu saía da escola, ele vinha almoçar algumas vezes comigo, quando podia, e eu ficava muito feliz. Algumas vezes, voltando da escola, eu o encontrava saindo da empresa (ele era office boy) para fazer algum trabalho, e chegava a bater a cabeça no poste dando tchau para ele! Boas lembranças!

Depois, meu pai precisou fazer uma cirurgia de coluna e acabou se aposentando por invalidez. Minha irmã voltou a trabalhar e eu fiquei cuidando do meu pai. Nessa época, aprendi a cozinhar e a me valorizar como mulher.

Comecei a conhecer melhor aquele homem sério e bravo. Nunca mais nos separamos até o último dia de sua vida. Aprendemos muito um com o outro. Ele me levava ao médico e controlava toda a minha medicação neurológica. Depois, fui eu que controlei toda a sua medicação e acompanhei todo o seu caminho de volta à casa do Pai.

Falar do meu pai é algo grandioso. Por conta da epilepsia, precisávamos conviver muito de perto. Ele sofreu muito com minhas crises. Eu tentava abaixar a cabeça e me controlar o máximo que conseguia, mas em alguns momentos não dava certo. Eu via a expressão de pânico no seu olhar. Como pedia a Deus que me curasse! Doía muito causar tanto sofrimento à minha família.

Minha mãe nunca presenciou um ataque epiléptico. Ela sempre foi a minha fortaleza na fé. Rezava muito e sempre foi muito caridosa. Ela me ensinou as armas mais poderosas deste mundo: a oração, a devoção e o jejum. Na minha casa, quando todos ainda não trabalhavam, às dezoito horas rezávamos o terço. Ela nos contava histórias bíblicas e histórias de moral que ela mesma criava. Estudou até o segundo ano do ensino fundamental.

Lembro-me como se fosse ontem: todos os anos, quando chegavam as chuvas de verão, as casas dos nossos vizinhos na parte de baixo alagavam. Eles colocavam móveis na nossa casa para evitar que se estragassem, e as crianças ficavam comigo. Claro, brincávamos de escolinha. Minha mãe fazia sopa, e cada um ajudava como podia. Ela levava roupas aos moradores de rua, embora ficasse brava porque eles não lavavam as peças. Fazia visitas aos doentes, rezava o terço nas casas, frequentava o asilo de idosos e ajudava a cuidar dos moradores. Enfim, aprendi o que é caridade com ela.

Mas a minha realidade era bem complicada. Em qualquer época, é difícil ter uma doença relacionada à saúde mental. No caso da epilepsia, julgava-se que havia um espírito obsessor.

Meus amigos tinham medo. Quando eu tinha crises na escola, ninguém sentava perto, como se eu tivesse uma doença contagiosa. Devido aos medicamentos, sempre ficava acima do peso. Até o sétimo ano, não interagia muito. Minha vida social era dentro da igreja. Ajudava a professora de catecismo, fazia estudos bíblicos e participava do grupo de jovens. Agradeço por essa etapa, pois fui cada vez mais lapidando minha fé. Fui professora de catecismo e crisma, e eu e meu esposo coordenamos um grupo de jovens. Fiz o que podia.

Tenho que deixar registrado que trabalhei na comunidade por vários anos, mesmo quando já lecionava. Que honra trabalhar pela fé, que responsabilidade ajudar as almas a serem iluminadas!

Participei de várias formaturas nas escolas, mas quando chegava ao final do curso de catecismo ou crisma, havia o sacramento. Não sei descrever a emoção e a preocupação que sentia, pois, a partir daquele momento, cada criança e família deveriam caminhar como luz e sal da terra. Rezava para que os frutos se multiplicassem e, como um vagalume, brilhassem por onde passassem!

Outro desejo profundo era ser professora, mas como poderia? Todas as minhas emoções me levavam a ter ataques epilépticos, não importava se eram de alegria ou tristeza. Só o fato de tentar lembrar o que havia acontecido me fazia convulsionar. Todos os dias rezava o terço e pedia a ajuda de Nossa Senhora e São João Bosco.

Agora, preciso parar e contar sobre o meu nascimento.

Como vocês já sabem, sou a quarta filha, com diferenças de dez, oito e seis anos em relação aos meus irmãos. Minha mãe estava doente na época em que engravidou de mim. Quando começou o pré-natal, o médico disse que ela deveria abortar, pois corria risco de vida se levasse a gestação adiante. Pela lei, quando a mãe corre risco de morte, o aborto é autorizado. Ela disse ao médico: "Se Deus me concebeu, só Ele pode tirar". O médico ficou muito irritado com essa decisão.

No dia 25 de janeiro, ela foi para o hospital com dores muito fortes. Quando chegou, o médico de plantão era o mesmo que havia indicado o aborto. Ele a reconheceu e disse que deveria pedir ajuda a Deus. Ele saiu e procurou meu pai para perguntar se deveria salvar a mãe ou a filha. Meu pai saiu sem dar a resposta, pois não era Deus para tomar tal decisão.

Minha mãe ficou nessa agonia até o dia 31 de janeiro, quando pediu ajuda à sua mãe, que já havia falecido. Veio um clarão muito forte e ela viu uma figura vestida de preto, que parecia um padre. Perguntou se era sua mãe, mas a figura respondeu que não, que sua mãe não poderia vir, mas que ele era o santo de devoção dela. Ele disse para se acalmar, pois era uma menina, que teria dificuldades, mas ficaria bem. Quando a equipe médica entrou, eu já havia nascido. O nome desse santo é São João Bosco.

São João Bosco, também conhecido como Dom Bosco, foi um sacerdote católico italiano, educador e escritor, nascido em 16 de agosto de 1815, em Castelnuovo d'Asti, perto de Turim, Itália, e falecido em 31 de janeiro de 1888.

Ele é amplamente conhecido por seu trabalho com jovens, especialmente aqueles em situação de vulnerabilidade, e é o fundador da Congregação Salesiana.

Como sacerdote, dedicou-se a trabalhar com jovens desfavorecidos que migravam para Turim durante a Revolução Industrial. Ele acreditava que a educação era a chave para ajudar esses jovens a evitar a criminalidade e a pobreza.

Ele acolhia jovens das ruas, ensinava-lhes, além do tradicional, carpintaria e artesanato, e iluminava suas almas, mostrando o caminho, que para mim é o único possível: imitar a mansidão e a bondade do Salvador, tratando essas almas com paciência e amor. Esse santo não era um homem de teorias, mas de ação.

Durante os anos em que atuou, ele desenvolveu um método educacional conhecido como "Sistema Preventivo", que se baseia na razão, na religião e na bondade, em oposição aos métodos repressivos comuns na época e, vamos falar a verdade, comuns até hoje, né?

Dom João Bosco tinha o objetivo de criar um ambiente positivo e acolhedor para os jovens.

Mais tarde, em 1859, ele fundou a Sociedade de São Francisco de Sales (Salesianos), com o objetivo de continuar seu trabalho dentro da educação. Em seguida, ele se dedicou a fundar o Instituto das Filhas de Maria Auxiliadora, uma congregação feminina dedicada à educação das meninas.

Eu poderia falar deste santo a quem sou devota por horas e horas, mas, em resumo, São João Bosco deixou um legado especial e potente na educação e na pastoral juvenil. Sua abordagem pedagógica continua a ser uma referência em instituições de ensino católicas e para profissionais da educação que abrem seus corações para aprender sobre seus ensinamentos.

O impacto de sua vida e trabalho é celebrado anualmente no dia 31 de janeiro, data de sua morte, com diversas homenagens e celebrações em comunidades salesianas ao redor do mundo.

E o que mais tem 31 de janeiro?
Isso mesmo! A data em que eu nasci.

No começo, achava que essa história não era verdadeira, que era apenas para que eu fosse católica e rezasse. Mas o tempo tudo prova. Não poderia esquecer desse capítulo importante. Agarrei-me a São João Bosco e a Nossa Senhora, pedindo sua intercessão junto a Deus pela minha cura.

Por volta dos quatorze anos, fui fazer o eletroencefalograma de rotina. Tive um sentimento de que estava curada. Falei para o meu pai, e ele me disse: "Você não sabe que essa doença não tem cura?". Então, eu respondi: "O Deus que você me ensinou pode tudo". Chegou o dia da consulta, e a médica disse que eu estava curada, mas que teria que ter uma vida numa bolha. Vida numa bolha? Isso não é vida, é prisão!

A epilepsia me trouxe muitas sequelas. A pior foi o medo, ou talvez o medo tenha trazido a epilepsia? Apesar de ter muita fé e autocontrole, sempre fui muito sensível. Qualquer problema me adoecia. Enfrentei a vida com medo e pânico.

Com quinze anos, já trabalhava e estudava à noite. A vida era agitada. Muitas vezes, tive apneia do sono. Uma vez, foi muito forte. Eu ouvia todos me chamando, mas não conseguia me mover. Estava presa dentro do próprio corpo. Não foi fácil voltar a dormir. Aprendi a controlar minha respiração e, em uma noite, falei com o Senhor: "Se for para viver assim, eu entrego o meu espírito". Daquele dia em diante, não tive mais apneia.

— — — —

Mas nem tudo foi drama não...

Lembro de uma história leve, curiosa, que gostaria de compartilhar.

Primeiro dia de aula, uma sensação de pavor misturada com curiosidade. Na sala de aula, a professora fazia a primeira chamada e verificava se todos os alunos estavam presentes. Chamava fulano, beltrano e nada. Chegou no final, perguntou:

— Alguém não ouviu o seu nome?

Morrendo de medo, levantei a mão.

Então, a professora disse:

— Qual é o seu nome?

Respondi:

— Tita.

A sala riu. Não entendi. "Gente chata", pensei.

A professora falou:

— Será que o seu nome não é Maria Regina Ragnelli?

Eu respondi:

— Não conheço essa Maria Regina!

A professora continuou a aula e, no final, pegou minha mão e foi até a minha mãe. Perguntou:

— O nome dela é Maria Regina Ragnelli?

E eu pensei: "Novamente essa história de Maria Regina. Já falei que é Tita!".

Mas aí a minha mãe respondeu:

— Sim, é esse o nome dela!

Olhei para a minha mãe com raiva.

— Olha só, nem sabe o meu nome?

As duas deram risadas. Então a professora disse que eu havia falado que era Tita. Meu pensamento foi: "Isso! Esse é o meu nome".

Ao qual a minha mãe respondeu:

— Não, Tita é o apelido que um primo da Itália colocou nela e que significa pequenina.

No momento, fiquei chateada, pois ninguém nunca havia me chamado de Maria Regina. Depois, com o tempo, pensei: "Acho que não é tão feio! Então, vamos escrever história com ele!".

— — — —

Outra lembrança boa da infância são as amizades...

Na infância, tive algumas amigas com quem brincava. A Miriam, pense em uma pessoa divertida? Multiplique! Já eu, pense em uma criança parada e quietinha? Multiplique também. Assim era o nosso relacionamento.

Nunca poderia esquecer quando ela operou a garganta. A diferença de idade entre nós é de dois anos. Naquela época, criança cuidava de criança. A Marlene, mãe da Miriam, pediu para que eu ficasse com ela em casa enquanto ia ao mercado, recomendando-me não permitir que a Miriam gritasse e pulasse, pois poderia abrir os pontos da garganta. Na minha cabeça, quem faria isso depois de uma cirurgia?

Assim que a mãe dela saiu, a Miriam começou a gritar e pular no colchão, como uma maluca, berrando: "Liberdade! Liberdade! Misericórdia! Quase morri!".

Eu fiquei apavorada, imaginando sua garganta sangrando. Quando a Marlene voltou, trouxe Danone para nós, e aí deu tudo certo!

Teve um dia também em que a Luzia e a Marlene nos levaram à Cidade da Criança. Foi maravilhoso!

Na minha casa, com a Márcia, a Meire e a Miriam, brincávamos de escolinha. Adivinha quem era a professora? Eu, é claro! Só aceitava brincar se eu fosse a professora!

A Ângela fazia móveis para casinha com caixas de papelão de sabão, usando margaridas como bonecas. Sempre queríamos batizar as margaridas ou as bonecas. Minha mãe fazia bolo e balas para comemorar o batizado.

Lembranças lindas que levarei para sempre no meu coração.

"A orientação inicial que alguém recebe da educação também marca a sua conduta ulterior."
— Platão

Capítulo 3

UM POUQUINHO DE AMOR

Um pouquinho de amor, afinal, a vida não é só perturbações.

Conheci o meu príncipe encantado, magrinho, com onze anos. Tinha ele como amigo, mas ele não. Me pediu em namoro aos onze, doze, treze, quatorze, quinze, dezesseis... Dizia que iria casar comigo e teríamos uma filha que seria a minha cópia. Eu ria, mas foi exatamente assim. Tivemos uma menina linda, sobre quem falarei um pouco mais adiante. Agora, preciso escrever sobre o amor da minha vida.

Como havia dito, conheci-o com onze anos em um retiro de jovens da igreja. Eu participava da comunidade São Benedito e ele da Paróquia São Francisco. Sempre nos encontrávamos na missa e conversávamos muito. Gostava muito da sua companhia, mas nunca o levei a sério. Só conseguia olhá-lo como amigo. Quando tínhamos dezessete anos (ele é mais velho do que eu seis meses), cada um estudava em uma escola.

No ensino médio, estávamos no segundo ano. Eu saindo da escola e ele entrando (no primeiro dia de aula, era para olhar a sala em que havia caído). Demos de cara um com o outro. Ele me perguntou:

— O que você está fazendo aqui?

Eu respondi:

— Eu vou estudar aqui. E você?

— Eu também! Nossa, que legal! Vamos nos ver todos os dias.

Ele me pediu em namoro novamente. Eu disse que não, pois gostava dele como amigo.

Alguns dias depois, fui ao seu aniversário de dezoito anos. Ele dançou com todas as meninas, menos comigo. Fiquei com isso na cabeça.

Depois de algum tempo, em um final de semana, chamei uma amiga, Ana, para dar uma volta no bairro. Estava chateada, sem saber o motivo. Resolvi entrar em uma rua onde nunca havia entrado e vi o Francisco beijando outra menina. Fiquei furiosa e quis voltar para ter certeza. Ele se escondeu atrás do muro. O pai da menina a chamou porque havia recebido um telefonema, e ela foi atender. Aproveitei para tirar satisfação, como se ele estivesse namorando comigo. E ele se comportou como se tivéssemos compromisso. Fui para casa com dor de cabeça e chateada. Minha amiga me perguntou:

— Você está namorando com ele?

Eu disse:

— Não.

Ela disse:

— Não entendi nada.

E eu falei:

— Nem eu!

Estava em casa muito triste. Comecei a me perguntar qual era o motivo dessa reação.

Os telefones do bairro estavam com problema, e as ligações de outros moradores caíam na minha casa. Como uma boa adolescente, ficava no telefone para ouvir conversas alheias.

Vocês não vão acreditar, peguei uma ligação dela para ele, perguntando se ele iria à sua casa. Ele disse que não iria. A voz dele estava triste. Logo em seguida, ela ligou para a amiga (todos moradores do mesmo bairro). Eu a ouvi dizendo que, depois que uma loira havia passado ali, ele havia ficado diferente.

Então, respirei aliviada: ele gostava de mim!

Quando voltamos das férias de julho, ele me convidou para sair. Entendi que gostava dele e começamos a namorar.

Depois de dois anos e seis meses, casamos na comunidade São Benedito. Vivemos felizes para sempre? Será mesmo?

A vida não é conto de fadas; a vida é real. Tivemos muitos problemas.

A sogra não queria o casamento. Filho único. Por mais que eu fizesse qualquer coisa por ela, o ciúme gritava.

Neste começo, morávamos nos fundos da casa da Luzia, que nos ajudou para não pagarmos aluguel e assim podermos comprar a nossa casa.

A Luzia é a minha irmã mais velha e carregou para si toda a responsabilidade sobre os irmãos. Tentava ajudar a todos e queria que tudo passasse pelo seu crivo, mandando mais que minha mãe. Esse é o jeito dela de amar, cuidando.

Ela teve um papel fundamental na minha vida, ensinando-me a ter etiqueta, boas maneiras e a ser vaidosa. Foi ela que pagou o vestibular para que eu pudesse realizar o meu sonho de ser professora. Devo muito a todos os meus irmãos que me auxiliaram no crescimento da minha alma, cada um do seu jeitinho.

Claro que brigávamos, mas podemos ter divergências sem apagar o amor de uma vida. Como sempre digo, está tudo bem termos opiniões diferentes, pois somos diferentes, mas o amor e a paz sempre devem prevalecer.

— — — —

Uma história que amo foi quando tiramos férias. Fizemos as malas e fomos para a rodoviária, sem qualquer organização.

Chegando na rodoviária, olhamos o mapa e escolhemos a cidade mais longe, que foi nas Cataratas. Duas crianças, ingênuas. Passamos muito frio no ônibus.

Chegando em Foz do Iguaçu, não sabíamos para onde ir. Pegamos um táxi e pedimos para nos levar a um hotel. Não tínhamos reservado nada.

Chegamos no hotel e não havia vaga. Aliás, não havia vaga em lugar nenhum. Estava tendo festa na cidade.

Alugamos um quarto onde o taxista morava. Ficamos inconformados e saímos novamente para outra região. Encontramos vaga em um hotel muito bom. Depois dessa maratona, chegamos no hotel e acabamos dormindo, acordando umas nove horas da noite.

Quando acordamos, o Francisco viu as horas e disse:
"Estou com fome e, agora, deve estar tudo fechado!"
Eu disse:
"Vamos tentar ir a uma padaria, pelo menos compramos pão e frios!"

Vale ressaltar que, naquela época, os jovens não tinham liberdade, acreditávamos que só existisse baile de formatura e que tudo fechava depois das dez horas. Tanto eu quanto o Francisco fomos criados dessa forma.

Pois bem, achamos uma padaria e sentimos o aroma de pizza no andar de cima. Nos sentimos como aqueles personagens de desenho guiados pela fumaça.

Assim que entramos, perguntamos se estava aberto. O senhor nos olhou sem entender muito a pergunta e disse que sim. Então, falamos que comeríamos rapidinho e iríamos embora. O senhor nos olhou novamente com um olhar espantado e disse para que ficássemos à vontade.

Sentamos, estava vazio, e nós dois comentamos:

— Nossa, que senhor legal, vai nos esperar comer para depois fechar!

De repente, começaram a chegar algumas pessoas. Mais um tempo, outras pessoas, e nós estávamos perplexos!

Falamos para o garçom:

— Nossa, que horas vocês vão fechar!?

Ele nos disse:

— Só de madrugada, a noite acabou de começar.

Ficamos maravilhados! Daquele dia em diante, começamos a sair depois das dez! Íamos a bares, praia, jantar, a noite virou uma criança! Éramos nós dois explorando o mundo.

Ainda em Foz do Iguaçu, resolvemos conhecer a Argentina. Pegamos informações e lá fomos nós.

Fomos até um rio e atravessamos para o lado da Argentina. Logo em seguida, pegamos outro ônibus, compramos um salgadinho, e lá ficamos. Nós dois estávamos deslumbrados com a paisagem que nem percebemos quando chegamos ao ponto final.

Quando descemos, olhamos um para o outro.

— Nossa, chegamos!

— Mas aqui é Argentina?

— Mas não foi aqui que pegamos o ônibus?

Pois é, pegamos um ônibus circular e voltamos para o mesmo lugar!

Mas valeu a aventura!

Ficamos três anos sem filho. Nesse período, aprendemos a viver a dois para depois viver a três. Tínhamos praticamente a mesma idade, com diferença de seis meses.

Brincávamos muito de Batalha Naval e gritávamos:

— Vou afundar o seu barco!

A minha irmã Luzia morava na casa de cima. Um dia, eu e o Francisco brincando, a Luzia e a Ângela correram e invadiram a nossa casa, pois acreditavam que o Francisco estava me agredindo. Até explicar que estávamos brincando, demorou um tempo, viu?

Nesse período, ainda coordenamos um grupo de jovens, fazíamos festinhas em casa para a turma, levávamos para fazer piquenique, ao orfanato, ao teatro, ao estudo bíblico.

Posso dizer com toda a certeza que nós dois aproveitamos bastante...

E posso dizer que tenho sorte também, pois me casei com meu melhor amigo.

— — — —

Sempre fui organizada. Esperei dar entrada em um apartamento de cinquenta metros quadrados. No ano em que o apartamento sairia, fiquei grávida.

A família cresceria.

Queria montar o quarto para a chegada do nosso primeiro filho, organizada, né? Mas ainda não havia aprendido que não temos controle de nada.

A gravidez foi de alto risco.

O que aconteceu foi que o meu sangue e o de Francisco eram incompatíveis. Quando os tipos sanguíneos da mãe e do pai são incompatíveis, especialmente em relação ao fator Rh, pode haver complicações sérias durante a gravidez. A incompatibilidade sanguínea mais comum ocorre quando a mãe é Rh negativo e o pai é Rh positivo, o que era o nosso caso. Isso pode levar a uma condição chamada de doença hemolítica do recém-nascido.

Quando o médico me contou, ele disse que nosso acompanhamento pré-natal precisaria ser mais rigoroso.

No segundo mês, a placenta rompeu e tive um sangramento muito intenso. Durante o sangramento, meu pai teve um início de infarto. Eu iria levá-lo para o hospital, mas ele acabou me levando.

No hospital, tive um sonho diferente, com uma mensagem.

Senti meu corpo sendo transportado para um lugar etéreo e sereno. Encontrei-me em um vasto campo iluminado por uma luz dourada que emanava de todas as direções, como se o próprio ar estivesse impregnado de ouro. A brisa era leve e acariciava meu rosto com um toque de ternura, trazendo consigo o perfume de flores desconhecidas, mas reconfortantes.

Enquanto caminhava pelo campo, notei uma figura ao longe. Um senhor de aparência doce, vestindo uma túnica branca que fluía como seda ao vento, se aproximava lentamente, como se flutuasse no ar. Seu rosto, assinalado por marcas de expressão, irradiava uma paz profunda.

Ele parou diante de mim e, rapidamente, tudo o que eu conseguia sentir era calma e segurança. Com uma voz suave, mas carregada de autoridade, disse:

— Minha querida, você deve cumprir uma promessa feita por sua mãe.

Suas palavras ecoaram no ar, ressoando em meu coração com uma clareza surpreendente.

— Uma promessa? — repeti, confusa.

O senhor apenas assentiu e continuou:

— No dia do seu nascimento, sua mãe fez uma promessa sagrada, uma promessa que agora você deve realizar.

Sua mão tocou levemente meu ombro e, naquele instante, um calor reconfortante percorreu meu corpo. Imagens começaram a se formar ao meu redor, cenas do meu nascimento, minha mãe em trabalho de parto, sua devoção silenciosa e suas palavras murmuradas em oração.

Vi seu rosto. Sua dor. Suas lágrimas. Suas súplicas por um milagre.

— Você deve honrar essa promessa — ele repetiu. — Esse é o seu caminho e o seu destino — completou o senhor, com um sorriso sereno.

Antes que eu pudesse responder, a figura começou a se desvanecer, como fumaça. A luz dourada ao nosso redor intensificou-se, cegando meus olhos por um breve momento.

Quando a luz se dissipou, encontrei-me novamente na cama do hospital, o coração acelerado e a cabeça a mil.

As palavras do senhor ressoavam em minha mente, e uma sensação de dever e compromisso me inundou. Eu sabia que precisava falar com a minha mãe e entender a promessa. Só ela teria essa resposta.

E quando conversei com a minha mãe, vocês não imaginam a minha surpresa...

Ela explicou que, no dia do meu nascimento, durante o parto, ela queria me batizar como Joana, em homenagem a São João Bosco, que havia feito meu parto. Mas meu pai, quando soube que tudo tinha dado certo e que nós estávamos bem, foi ao cartório e registrou Maria Regina, o nome que eles haviam combinado antes.

Quando o Francisco chegou ao hospital, contei o sonho e combinamos que, se fosse menina, o nome seria Joana Beatriz. E se fosse menino, João Victor (Victor, nome do meu sogro).

A placenta fechou, mas precisei ficar de repouso. Lembra que eu queria ser professora? Então, já ministrava aulas, mas, como tinha que subir e descer escadas e ficava muito em pé, o médico resolveu me afastar.

Tudo ficou complicado. Minha irmã Luzia se separou do marido e ele ficou com a casa. A nova esposa dele não queria que morássemos lá, pois sou muito parecida com a Luzia. O apartamento que compramos teve problemas na construção e demorou mais dois anos para ficar pronto. O salário do meu esposo conseguia pagar o apartamento, mas o meu não conseguia nem sustentar a casa. Pagar aluguel era impossível, ainda mais na época do governo Collor, quando a inflação era uma loucura.

No meio de tudo isso, a linda Joana Beatriz veio ao mundo.

Foi um parto complicado: a anestesia pegou só de um lado, senti cortar a barriga e levantei uma perna.

Entrei em coma por algumas horas, mas sobrevivi.

Fui morar com minha irmã Ângela e depois fui para a casa da minha mãe na praia. O meu esposo continuou morando com a Ângela em São Paulo, pois precisava trabalhar até que ela conseguisse voltar para sua casa, que estava alugada, e eu pudesse ficar na casa da minha mãe em São Paulo.

Alguns anos depois, vendemos o apartamento e compramos a casa.

Quando eu disse que havia planejado tudo, deu tudo certo, né?! Só que não!

Quando os problemas aparecem, vem um atrás do outro. Só nos resta confiar em Deus e ir trabalhando as dificuldades. Entender que esses problemas aparecem para testar a nossa fé e que a pessoa que está ao nosso lado também está enfrentando suas dificuldades.

Meu esposo sofreu com a rotatividade de empregos; a crise não permitia que as empresas prosperassem. Passamos por muitas dificuldades e, nessas décadas, por grandes transformações. Precisamos rever muitos paradigmas e nos reinventar para sobreviver.

A vida nos ensinou que, por mais que planejemos, nem sempre as coisas acontecem como esperamos. É preciso ter resiliência, fé e a capacidade de se adaptar às mudanças. O apoio da família e a união são fundamentais para superar os desafios.

Agradeço a Deus e a todos os que estiveram ao nosso lado durante esses tempos difíceis, pois, sem eles, talvez não tivéssemos conseguido superar tantas adversidades.

Não podemos deixar que acusações e cobranças matem nossos sentimentos. O amor que nutrimos um pelo outro não pode acabar. Neste momento, estamos nos apoiando e equilibrando as dificuldades. Não há casamentos perfeitos, famílias perfeitas, trabalhos perfeitos, mulheres ou homens perfeitos. Há o amor, a compreensão, o desejo de estar junto, de olhar um ao outro como almas aprendizes, assim como nós mesmos somos!

"O ser humano é aquilo que a educação faz dele."
— Immanuel Kant

Capítulo 4

PESSOAS IMPORTANTES

A minha linda Joana, no segundo dia de vida, apresentou bronquite. Inteligente, levada e amorosa, ela sofreu conosco todas as dificuldades. Agora, já não éramos duas almas aprendizes, mas sim três.

Quando a peguei nos braços, pensei: O que vou fazer com essa pessoinha tão pequenina?!

A minha linda Joana sempre foi muito companheira, gostava de ficar muito perto. Aí você pensa: Só o meu filho é que dá trabalho.

Como sempre digo, na vida tudo dá trabalho, começando pelo parto. Ela teve sua fase de doença, bagunça, rebeldia, de não querer estudar, de sair antes do tempo, namorar, mentir, chorar, sorrir, conquistar, de amadurecer, sair de casa...

Sabemos que são etapas da vida, umas mais fáceis, outras complicadas. Muitas vezes, precisamos de ajuda, que pode ser médica, psicológica, pedagógica. O mundo melhorou, pois hoje temos a possibilidade de receber ajuda.

Antigamente, o único método que os pais sabiam era ameaçar e bater. Com a evolução humana, compreendeu-se a complexidade humana e, muitas vezes, a forma de educar, a genética e as drogas inseridas pelos pais acabam manifestando distúrbios emocionais em algumas crianças, o que afeta o comportamento e a aprendizagem. Não adianta procurar o culpado, mas sim procurar ajuda na rede pública ou particular, não desistir, buscar até achar.

Digo isso, pois trabalhei com educação por vinte e sete anos, fiz muitos encaminhamentos médicos, fui testemunha da evolução das crianças e da falta de harmonia no lar.

Outro detalhe: não vamos culpar os nossos pais, o que eles fizeram foi o que eles conseguiram fazer naquele momento, dentro das dificuldades vividas e dos traumas. Quem ganha para olhar para trás é professor de história e profissionais que trabalham com a antiguidade. Devemos olhar somente como aprendizado daquilo que faríamos ou exemplos que não devemos repetir. Liberar o egoísmo, ser humilde e aprender, pois em cada papel que empenhamos (pais, filhos, irmãos...) ora acertamos, ora erramos. O erro é o caminho da evolução, ele nos dá uma grande oportunidade de reescrever a nossa história.

Voltando à parte em que a minha princesa sai de casa, que fase complicada cortar o cordão umbilical, dói.

Na primeira vez que foi cortado, ela ficou nos meus braços. Na segunda vez, ela foi para os braços do homem que escolheu como grande amor de sua vida.

Que sorte a minha, realmente um príncipe. No dia do seu casamento, tive dupla emoção, uma de dever cumprido, a outra de "será que fiz direitinho para ela conseguir enfrentar a vida"?

Outra sorte foi meu genro sempre me querer por perto e ser um homem bondoso, caridoso e trabalhador. Ela mora no décimo andar e eu no nono, mas fico com o meu chinelinho aqui. Tento não ir à sua casa, espero eles virem na minha. O casal precisa de espaço para aprender e para amadurecer. Se necessitarem da minha ajuda, fico sempre à disposição, procuro respeitar o máximo que posso.

Sei como é difícil um relacionamento, não há culpados, existe o querer de enfrentar as dificuldades e o amor em querer ver o outro feliz. Nesse momento, deve haver negociações para o relacionamento ser bom para os dois.

"Nossa, que lindo, você mora pertinho deles, que maravilhoso!", vocês me diriam. Realmente é maravilhoso estar próximo de quem amamos, mas temos que exercitar muito a tolerância e a paciência e aprender a permanecer em equilíbrio e amor.

Dizer que não tenho vontade de me meter é mentira, principalmente na educação dos netos. Tento falar tudo com amor e peço a Deus que os ajude. Não quero ser aquelas sogras que atrapalham o casamento; se não consigo ajudar, melhor orar. Amo muito meu genro, a minha filha, e Matheus e Sofia, meus netos lindos! Desejo a eles toda a felicidade do mundo!

Ah, você pode pensar que é tudo perfeito! Claro que não, temos pontos de vista diferentes, mas isso não impede de nos respeitarmos e nos perdoarmos pelo amor que sentimos.

Deus, na Sua sabedoria infinita, nos deu quantidades de talentos diferentes (para um deu dez, para outro cinco, para outro um), sabendo que naquele momento da evolução a pessoa só consegue assimilar e processar certa quantidade, nosso amadurecimento vem com o tempo e com a nossa evolução. Muitas vezes, aprendemos; outras, ensinamos!

O segundo grande desafio foi quando meu genro precisou ir trabalhar em Angola. Meu neto tinha uns dois anos e, apesar da tecnologia, a distância me machucou muito, principalmente em datas comemorativas.

Meu neto Matheus tinha vontade de brincar comigo, mas queria que eu entrasse na telinha para isso ou então queria entrar na telinha para vir para minha casa. Ele não entendia. Chegou até a não querer falar mais comigo.

No dia do aniversário da minha filha, seu olho estava inchado de tanto chorar. Até hoje me emociono quando lembro desse tempo, mas sinto muito orgulho deles, sozinhos em um lugar estranho. Sem apoio, enfrentaram todos os problemas e voltaram fortalecidos.

Tenho outra pessoa muito importante na minha vida que me ajudou e me ajuda muito: a minha amiga Maria de Fátima, que trabalha aqui em casa duas vezes por semana há dezoito anos.

Nos momentos muito difíceis, ela esteve ao meu lado. O primeiro foi a condromalácia no joelho. Aos vinte e oito anos, comecei com esse problema. Após uma dieta louca, fui tratando, mas, depois dos quarenta e quatro anos, piorou muito. Ela me ajudava em tudo o que podia.

Sou devota de Nossa Senhora de Fátima e sempre digo a ela que foi Nossa Senhora que a colocou como um anjo na minha vida.

Não posso deixar de citar outras pessoas queridas que passaram pela minha vida...

Tenho duas madrinhas: uma de crisma, Ângela, minha prima, e outra de batizado, tia Carolina. Acho muito interessante, pois tenho muitas coisas delas. Minha tia Carolina e o tio Albino moram na Itália e acompanharam minha vida no Brasil nos momentos importantes. Me batizaram e foram padrinhos de casamento. Elas são alegres e tentam seguir com leveza, apaixonadas pela vida e pela arte de viver. Por onde passam, marcam o seu espaço com sua personalidade, mas, quando existe drama, vivenciam com todo o seu ser, sacodem a poeira e voltam a viver!

A Simone é filha da Ângela e nasceu na minha casa. Eu ajudava tomando conta dela, ensinei a andar. Quando foi crescendo, ela adorava ir à minha casa e pegar um brinco meu. Na sua cabeça, ficaríamos iguais: ela usaria um e eu usaria o outro. Aliás, a minha sobrinha Juliana também adorava a minha gaveta de bijuterias. Ambas aprenderam a usar argola comigo. Essas lembranças guardo no meu coração com muita ternura.

"Feliz aquele que transfere o que sabe
e aprende o que ensina."
— Cora Coralina

Capítulo 5

A MISSÃO DA MINHA ALMA

Preparem-se, porque esta parte do livro será a maior, nela se encontra a missão da minha alma, a paixão que tenho pelo ser humano.

Eu sonhava em ser professora desde pequena, minha atividade predileta era brincar de professora. A amiguinha poderia ser diretora ou o que quisesse, mas eu teria de ser professora. Com a epilepsia, esse sonho ficou em suspenso. Quando fui curada, voltei a sonhar.

Logo que saí do ensino médio, corri para a faculdade. Em cada aula, eu viajava. Sempre dei aula para os meus colegas de classe. No ensino médio, chegava mais cedo na sala para estudar, os amigos vinham e eu já pegava o giz e dava aula.

Quando me formei, larguei um emprego em que ganhava razoavelmente bem. Na empresa ninguém entendia. Um exemplo: troquei um salário de três mil reais por um de trezentos reais.

Mas o importante é que segui o meu coração.

Cada faixa etária demandava uma maneira de lidar. Com o tempo, você vai aprendendo as particularidades das etapas da vida e conseguindo trabalhar. Essa profissão realmente é linda, porém árdua.

Tentar ensinar alguém numa idade em que tudo é importante, menos a escola, tentar fazê-lo entender que a educação é um investimento para a vida e para o futuro profissional, soa como canção de ninar. Isso é distante, talvez um sonho, a realidade é agora. Muitas vezes, engole o sonho!

Comecemos pelo primário: para uma criança que até então só brincava, precisar ficar sentada durante quatro horas na cadeira e conseguir se concentrar é um desafio. Problemas na família, separações, brigas, drogas lícitas e ilícitas, espancamentos, falta de alimentação, casos de liberdade assistida, crianças que ficam em abrigos, pois os pais perderam a guarda, tudo junto e misturado, e aquele profissional tem que ensinar a ler e escrever com trinta e cinco ou quarenta alunos na sala, os pais não aguentam os filhos, imagine essa quantidade de alunos e mais tempo chamando atenção deles do que ensinando. Verdadeiramente, acredito que, nesse país, os professores são heróis, pois, mesmo com tantas dificuldades, conseguem transformar na sua maioria grandes realidades.

Nessa faixa etária, ainda a família faz o seu papel participando das reuniões. Normalmente, ficam contra os professores, que começam a solicitar encaminhamentos médicos ou psicológicos, entendem que aquele aluno precisa de ajuda para aprender ou se concentrar, ou mesmo apresentar um comportamento adequado. Sempre relatam que colocam de castigo, batem, repreendem e não adianta. O professor explica que seria bom ter ajuda profissional e, com muito custo, alguns aceitam, enquanto outros simplesmente deixam de participar da escola, abandonando a criança à própria sorte.

Esse professor, com o passar dos anos, entra numa fadiga crônica, adoece, se frustra, ou fica amargo. São poucos os que conseguem chegar ao final da carreira saudáveis. Essa realidade acontece no ensino fundamental I, e no ensino fundamental II fica muito pior, a família já desistiu e a adolescência chegou. Aí, meu amigo, só Deus na causa!

No ensino médio, a responsabilidade começa a cobrar e muitos alunos largam a escola para trabalhar. Dentro de todo esse cenário, o caminho que encontrei foi de muito diálogo. Fazia roda de conversa, trazia textos que pudessem trabalhar moral e cidadania... Tentava me manter aberta e acolhedora. Tive alguns problemas, mas resolvi com amor e empatia. Dizer que foi fácil? Novamente repito, nessa vida nada é fácil, mas foi o que escolhi e o que amava fazer!

Foram muitos os desafios, cada dia uma surpresa e um teste de resistência. Decidi mostrar um caminho melhor, ser diferente, para ser ouvida.

Não adiantava repetir o padrão da sociedade, com gritos e falta de respeito. Tentava ao máximo me manter num nível para conseguir chegar até essa criança ou esse adolescente e transformar as relações, de modo que pudesse confiar naquela alma e ela em mim.

Muitas vezes, errei, tinha que trabalhar o meu ego e manter o aprendizado e a disciplina.

Dentre muitas histórias, guardo algumas, talvez as mais desafiadoras, que contarei nos próximos capítulos...

"Um livro, uma caneta, uma criança e um professor podem mudar o mundo."
— Malala Yousafzai

Capítulo 6

O PRIMEIRO DIA

Contar a minha história sem me aprofundar nos momentos em sala de aula é não contar boa parte da minha história. Isso porque cada aluno que passou pela minha vida deixou uma marca profunda com sua própria narrativa.

Primeiro dia de aula.

Lembro até hoje do frio na barriga que senti assim que cheguei em frente aos portões de ferro da escola.

A verdade é que ninguém entendia o que eu estava fazendo lá. Eu já tinha um bom emprego, com carteira assinada e benefícios, em uma empresa grande.

Mas eu sabia que não era lá que meu coração batia mais forte. Era como se o tempo todo eu sentisse uma corda invisível me chamando para outra direção.

Me chamando em direção à educação...

Eu tinha apenas vinte e dois anos e um sonho e, naquele dia, muita ansiedade também. Minha perna tremia e um gelo se instalava na minha barriga.

Entrei na escola e parei em frente à porta da sala de aula.

Respirei fundo.

Inspirei.

Respirei de novo.

Chequei minha bolsa, confirmando que o avental e a caixinha de giz que eu tinha comprado na véspera ainda estavam lá.

— Chegou a hora — falei para mim mesma. — Lá vou eu.

Entrei na sala.

Por um instante, era como se eu não pudesse respirar.

Olhei ao redor e notei que alguns alunos aparentavam ser mais velhos do que eu. Era 1989 e, naquela época, não havia o sistema de ciclos, então os alunos eram reprovados e continuavam na mesma turma até passarem de série.

De repente, um aluno se levantou da carteira, me pegou pela mão e me colocou sentada na cadeira ao lado dele. Ele disse com um sorriso provocador:

— Você ficará sentada ao meu lado.

Fiquei perdida e sentindo um misto de medo e incredulidade. Como vou colocar ordem nesse barraco? Misericórdia! Com um sorriso nervoso, falei para ele:

— Me desculpe, mas eu deveria sentar na mesa da professora.

Ele me olhou surpreso, quase pasmo, e respondeu:

— Não, estamos esperando a professora nova.

Respirei fundo, tentando manter a calma e a dignidade, e disse:

— Muito prazer. Sou eu.

Levantei-me da cadeira, ajeitei o avental e fui me apresentar para a turma. A expressão de choque no rosto dele era quase cômica. Ele não sabia onde se enfiar.

Conforme me apresentei, senti a energia da sala mudar. Os alunos começaram a prestar atenção e algo dentro de mim se fortaleceu.

Confiança.

Era isso.

Eu estava ganhando confiança.

Todas as vezes que ministrava aulas nessa turma, os alunos faziam questão de sentar nas primeiras carteiras, atentos e curiosos.

A cada dia que passava, eu os ganhava um pouco mais.

Ter essa como a minha primeira turma foi um presente para eu desenvolver autoestima dentro da sala de aula.

Lentamente, conquistei meu espaço. Aquele primeiro dia, com toda a sua tensão e incerteza, se transformou em um marco na minha vida.

De uma jovem insegura e com a perna tremendo, tornei-me uma professora respeitada e capaz de inspirar e ser inspirada. A jornada estava apenas começando, mas já sabia que o amor pelo ensino era a força que guiaria cada passo meu.

"O objetivo da educação é substituir uma mente vazia por uma mente aberta."
— Malcolm Forbes

Capítulo 7

O VALOR DE UMA NOTA

Esta é uma história que me marcou por conta de um aluno em específico, que aqui vamos chamar de Jorge. Lembrando que usarei nomes fictícios quando for me referir aos alunos.

Era uma tarde quente no ensino fundamental I, com o ar cheio de expectativas e tensão das avaliações finais.

Entreguei os resultados das provas para os alunos do nono ano e marquei a aula de recuperação e a nova avaliação antes de fechar o bimestre.

Tudo parecia tranquilo até que um aluno, o Jorge, com os olhos cheios de desespero e raiva, pegou sua prova e, sem pensar duas vezes, declarou:

— Vou te matar se você não mudar a minha nota!

Simples assim.

Uma ameaça.

Uma frase tão afiada quanto uma faca.

O silêncio tomou conta da sala, todos os olhos voltados para mim.

"O que ela vai fazer?", era o que passava pela cabeça de todos os outros alunos, eu tinha certeza.

O desafio estava lançado, e eu sabia que precisava agir com calma e autoridade. Autoridade não significa autoritarismo, mas sim o controle necessário para conseguir o respeito — eu já estava em sala de aula tempo o suficiente para ter aprendido esta lição.

Com um sorriso sereno, chamei o aluno para conversarmos no corredor.

Ele hesitou, claramente querendo me enfrentar ali mesmo. Mantendo a calma, provoquei:

— Está com medo de mim?

Falei escondendo o medo na minha voz. Se eu queria ser respeitada por Jorge, precisava jogar o jogo dele.

Ele se levantou devagar e me seguiu até o corredor. Fechei a porta atrás de nós e, para quebrar a tensão, pedi:

— Belisque o meu braço.

— O quê? — ele respondeu, surpreso.

— Vamos, belisque meu braço — insisti.

Relutante, ele tocou meu braço de leve e não fez nada. Olhei em seus olhos e disse:

— Eu sou feita de carne e osso, assim como você. Também tenho minhas dificuldades. Agora, me diga, por que você acha que eu deveria mudar sua nota?

— É que...

E ele se calou.

Eu continuei:

— Ainda nem ministrei a aula de recuperação. Você não precisa de mim para alcançar a nota que deseja. Estou aqui para ensinar, mas você precisa acreditar em si mesmo.

Jorge apenas me encarou com os olhos arregalados, gaguejando, e não disse mais nada.

Eu assenti, indicando a porta da sala de aula. Voltamos para lá e o restante da aula seguiu conforme planejado.

Internamente, eu me sentia feliz. Era como se tivesse vencido uma guerra.

Se eu tivesse abaixado a cabeça naquele momento, certamente teria perdido o respeito da maioria dos alunos.

Os dias foram se passando...

Após a prova de recuperação, chamei os alunos um a um à minha mesa para relatar as notas e parabenizar pelo esforço. Quando chegou a vez do Jorge, olhei em seus olhos e disse com um sorriso orgulhoso:

— Você não precisa de ninguém além de si mesmo, meu querido. Tirou dez com louvor. Nunca mais ameace ninguém. Corra atrás dos seus sonhos com seus próprios méritos.

Naquele momento, sabia que havia dado uma lição importante, não apenas para ele, mas para toda a turma. Fechei aquele ciclo com a certeza de que tinha feito a diferença.

Nunca mais tive problemas com aquele estudante e ainda fui sua professora por mais três anos. Naquele instante, aprendi que a verdadeira autoridade vem da compreensão e da confiança que depositamos nos nossos alunos. E não do medo. Nunca do medo.

"Educação não transforma o mundo,
educação muda as pessoas.
Pessoas transformam o mundo."
— Paulo Freire

Capítulo 8

EDUCAÇÃO E DROGAS NÃO COMBINAM

Anos depois, outra escola, outro desafio.

Eu estava dando aula para o ensino médio em uma escola afastada, deteriorada e dominada pelas drogas.

Era um desafio enorme, talvez por isso mesmo eu estava ali. Sempre acreditei que meu trabalho era necessário nas comunidades mais carentes, onde a educação poderia ser uma luz no fim do túnel. Não estava sozinha nessa missão; tinha companheiros dedicados, abraçando o mesmo projeto, e a gente se apoiava uns nos outros para não sucumbir.

Descobri um dia, para a minha enorme tristeza e indignação, que os alunos tinham que pagar pedágio para entrar na escola. Uma moeda ou um pedaço do lanche, tudo para o *superstar* das drogas. Dá para acreditar?

Eles sofriam ameaças constantes, e o silêncio era a regra de sobrevivência.

Descobri por meio de relatos que o chefão colocava a cabeça dos meninos dentro do vaso sanitário para intimidar e humilhar. Como naquelas cenas de filmes estadunidenses, sabe? Coisa que a gente nunca imagina que acontece de verdade.

Como ensinar em um ambiente tão tóxico? Como sobreviver a tanta violência? Minha cabeça borbulhava com perguntas, em busca de respostas que eu não tinha. Onde eles teriam voz? Como ajudá-los a se transformar sem colocar ninguém em risco?

Foi aí que, junto com a professora de educação física, comecei a elaborar um projeto. Criamos jogos interativos e colaborativos.

Nas minhas aulas, depois de ministrar todo o conteúdo, fazíamos uma roda de discussão. Debatíamos os assuntos que a própria turma escolhia e depois pesquisávamos juntos. Mudei o método como o conhecimento era apresentado. Agora, os alunos também colocavam sua curiosidade em jogo.

Trabalhamos a postura e a oralidade. Eu lhes dizia que, no ensino médio, precisavam desenvolver essas habilidades para o mundo profissional, mas minha intenção ia além disso. Eu queria provocar o diálogo, elevar a autoestima e ensiná-los a se proteger.

Discutimos diversos temas durante as minhas aulas: relacionamento entre pais e filhos, pessoas abusivas, violência, drogas, ficar ou namorar, mercado de trabalho; todo e qualquer tipo de assunto pelo qual se interessavam. Cada turma trazia seu tema e a empolgação deles crescia. Cumpriam os combinados, sentindo-se parte de algo maior. E eu sentia a mesma empolgação também.

Mas eu sabia que para o plano dar certo, eu precisava dar mais um passo, então, paralelamente, me aproximei do *superstar* das drogas, tentando fazê-lo perceber que a vida que levava era uma ilusão.

Um dia, me lembro de que estávamos só nós dois no pátio da escola e eu lhe perguntei:

— Pedro, que tipo de respeito você gostaria de ter das pessoas: pelo medo ou pelo caráter?

Ele riu, meio debochado, e não me respondeu.

É lógico que eu sabia que minhas palavras não surtiriam efeito imediato, mas sempre acreditei na energia em movimento. Doida? Talvez. A minha intenção era ir plantando sementes na mente e coração de Pedro.

E continuei os meus esforços com os outros alunos. Organizamos na escola o Tapete do Espírito Santo e formamos um coral para cantar as músicas da missa. Foi lindo. O Padre Ticão, conhecido da região, sempre que podia, vinha nos ajudar, trazendo um pouco de luz e esperança.

Os dias foram passando, até que um dia os alunos decidiram enfrentar o *superstar*. Fizeram uma reunião com ele, dizendo que o respeitavam, mas queriam respeito em troca. Afirmaram que, dali em diante, ninguém mais suportaria as agressões. Se ele mexesse com um, mexeria com todos.

Fiquei receosa? Muito.

Mas imensamente orgulhosa do sentimento de coletividade que os alunos estavam alimentando entre eles.

Pouco tempo depois, fiquei sabendo que esse aluno foi preso. Infelizmente, não sei qual foi o seu destino, mas a escola continuou sua transformação.

Minha jornada naquela unidade chegou ao fim, mas levo comigo o carinho e o respeito por essa história. Em cada olhar de gratidão e em cada sorriso de superação, vi a prova de que, mesmo em meio à escuridão, a educação pode ser uma poderosa chama de esperança. Além disso, a chance se apresenta a todos. Quem quis e quem conseguiu se agarrou a uma chance de mudança.

"É a educação que faz o futuro parecer um lugar de esperança e transformação."
— Marianna Moreno

Capítulo 9

ELA SÓ PRECISAVA SER VISTA

Em determinado dia, uma aluna chegou atrasada após o intervalo. A regra era clara: não permitir a entrada depois do sinal, mas sempre acreditei que o lugar de um aluno era na sala de aula, onde poderia aprender e crescer. Pedi que não se repetisse e autorizei sua entrada.

Pouco mais de um minuto depois, a sala já estava imersa nas atividades e ela, com um pirulito na boca, pediu para sair e tomar água.

Senti que era um daqueles momentos em que precisava impor minha autoridade de forma firme, porém justa. Eu já tinha aprendido essa lição, se lembram?

Disse a ela calmamente:

— Você acabou de entrar, por favor, sente-se e faça a sua atividade.

Ela, desafiadora, respondeu:

— Se você não me deixar sair, eu vou zonear a sua aula.

Respirei fundo, tirei as coisas da minha mesa e, com a mesma calma, falei:

— Fique à vontade.

Olhei para a sala e, como se falássemos por telepatia, todos permaneceram concentrados nas suas atividades.

Jéssica, a tal aluna, subiu na mesa e começou a dançar e cantar a música *Papo de jacaré*, que estava fazendo muito sucesso na época.

O silêncio que se seguiu foi quase fúnebre, uma mistura de surpresa e desconforto. Quando terminou o seu showzinho particular, ela desceu da mesa, sem graça, e pediu desculpas antes de voltar para suas lições.

Mais tarde, em um momento mais tranquilo, chamei-a para conversar. Perguntei se ela queria me contar algo, assegurando-lhe que eu estava à disposição para ouvir.

Nesses momentos, era quase como se eu pudesse ver uma flor desabrochar.

Jéssica me olhou, com os olhos marejados e carregados, e o que veio a seguir fez meu coração enxergar toda a dor e resiliência assoladas em seu peito.

— Professora, eu vi meu pai ser morto a tiros na minha frente. Minha mãe, devido a uma doença, ficou cega. E agora, descobri que tenho a mesma doença e que também vou perder a visão. É questão de tempo, professora...

As palavras pesavam no ar e meu coração se apertou.

Eu sabia que, naquele momento, além de ensinar, eu precisava acolher.

— Você tem frequentado o médico?

— Ah, mais ou menos, professora...

— Pois a partir de agora você vai se cuidar. E vamos enfrentar o que tiver que enfrentar juntas. Combinado?

Jéssica engoliu em seco, os olhos brilhando, e respondeu:

— Combinado.

A partir daquele dia, junto com essa turma, comecei um trabalho de acolhimento na sala, criando um ambiente de compreensão e apoio.

Na minha aula, Jéssica se transformou. Realizava todas as tarefas com dedicação e até apresentou um seminário sobre grandes autores da literatura brasileira.

Aquela aluna, que inicialmente parecia um desafio, revelou-se uma alma forte e resiliente. Revelou-se uma pessoa doce e delicada, que só precisava ser vista.

Por meio da confiança e do apoio mútuo, conseguimos criar um espaço onde ela poderia não apenas aprender, mas também se expressar e encontrar um pouco de paz em meio ao caos de sua vida.

Essa experiência reforçou em mim a certeza de que, muitas vezes, a educação vai além dos livros e das regras. Ela reside na empatia e na capacidade de transformar vidas por meio da compreensão e do amor.

"A sociedade e cada meio social particular determinam o ideal que a educação realiza."
— Émile Durkheim

Capítulo 10

LUGARES TAMBÉM PRECISAM DE AFETO

Em um canto esquecido do estado de São Paulo, me vi novamente enfrentando desafios imensos.

Uma nova escola localizada ao lado da comunidade, marcada pela rebeldia e falta de respeito. Era uma dessas escolas que haviam passado por uma reestruturação governamental, separando os níveis de ensino.

As outras unidades enviaram todos os seus alunos considerados problemas para essa nova instituição. Esses estudantes, por sua vez, sem vínculo com a nova escola, desejavam voltar para a antiga, criando um ambiente caótico para fazer pressão.

Era um verdadeiro manicômio, com todo o respeito.

Você encontrava fezes pelos corredores, desrespeito constante, brigas e drogas sem nem tentarem esconder. Um total abandono, tanto das pessoas quanto do prédio.

Que tristeza ver o estado da escola onde eu mesma havia estudado no ensino fundamental. Sentia vontade de chorar. Um lugar que antes era lindo, organizado e limpo agora estava pichado, sujo, com a chuva entrando pelas janelas quebradas. Um caos absoluto. Negligência por todos os lados.

Mas não podia ficar desse jeito, né?

Eu não conseguia deitar a minha cabeça no travesseiro sabendo que, no dia seguinte, teria que entrar num cenário de filme de terror para tentar dar aula e esperança para um grupo de pessoas já acostumadas com o pior que a vida podia lhes oferecer.

Uma ideia surgiu na minha mente...

Neste ponto da vida, eu já estava bem cansada, mas não o suficiente para fechar os meus olhos para o que precisava ser feito. Em uma reunião pedagógica, juntei-me a alguns professores que abraçaram o projeto de transformação.

De cara, fizemos um mutirão de limpeza, confeccionamos cartazes de boas-vindas e criamos o conceito do aluno mediador em cada sala, a fim de organizar e propiciar o protagonismo juvenil. Planejamos uma feira cultural, na qual trabalhamos a imigração, culinária e danças culturais. Na semana da Consciência Negra, pedi uma abordagem diferente, focando nas pessoas pretas que se destacaram na literatura, arte e na própria comunidade. Que orgulho senti daquelas almas! Daqueles trabalhos! De todo o esforço empenhado!

Eu já estava no ritmo, então continuei meus planos. Consegui, por meio do Padre Ticão, participar de uma reunião política. Fiz um bilhete para o então governador Alckmin pedindo a reforma da escola do meu coração. Para a minha surpresa, ele leu meu bilhete na reunião e prometeu a revitalização.

Ao mesmo tempo, durante as aulas, introduzi o Dia dos Debates, o Dia do Futebol na Quadra e o Dia do Cinema. Tudo para melhorar a oralidade deles, além de trazer esporte e cultura para as suas vivências.

Desenvolvi um projeto de literatura em que os alunos preparavam apresentações dos livros que cairiam no vestibular. As apresentações eram feitas na sala de vídeo, com dramatizações e debates sobre os autores.

Esse projeto inclusive culminou num dia em que fomos ao teatro assistir à peça *Macunaíma*, adaptação da obra homônima de Mário de Andrade, que é um marco da literatura brasileira. A peça, assim como o romance, é uma sátira rica em elementos folclóricos e mitológicos que narra a jornada do anti-herói Macunaíma, uma figura ambígua e preguiçosa, que se transforma ao longo de suas aventuras pelo Brasil. Para esta ação, consegui até que o governo pagasse ônibus e ingressos. Até hoje, guardo na memória os rostos orgulhosos deles no teatro. Seus olhos brilhando. O sentimento de pertencimento a um espaço que sempre lhes fechou as portas.

A coisa foi ganhando tamanha proporção que, em determinado momento, estabeleci algumas regras de conduta para que os alunos pudessem participar das ações.

As regras eram:

Proibido drogas na escola;
Proibido falar palavrão;
Faltas permitidas apenas por motivos médicos;
Atividades em dia;
Respeito com todos.

O mais curioso é que os alunos mais bagunceiros organizaram o campeonato de futebol. Se algo saísse das regras, eles mesmos controlavam a situação e resolviam.

Devagar, mas constante, o pátio que antes ficava sempre cheio de alunos cabulando aula começou a ficar vazio.

Era uma mudança de cultura.

As salas agora eram mais agradáveis de se estar e, mesmo sem ter consciência disso, os alunos queriam estar dentro delas.

Um dia, enquanto eu caminhava em direção ao supermercado, alguns estudantes decidiram me acompanhar. Muitos deles estavam envolvidos com o tráfico de drogas e, até aquele ponto, não viam um horizonte com uma realidade diferente.

— Professora, você realmente acha que há esperança para nós? — perguntou um dos alunos durante uma dessas caminhadas.

— Sempre há esperança — respondi com um sorriso. — Desde que vocês acreditem em si próprios e lutem por um futuro melhor. Vocês são capazes de grandes coisas, só precisam se dar essa chance.

E era verdade. Era o que eu acreditava.

E aquela escola, toda a sua transformação, era a prova concreta de que eu estava certa.

"O futuro do mundo está em minhas salas de aula."
— Malala Yousafzai

Capítulo 11

AS DORES DA PROFISSÃO

Trabalhar doze horas por dia era minha rotina, uma batalha diária que travava em nome da educação. Meu corpo, no entanto, começava a ceder. Entre os papéis de professora, mãe, esposa e filha, havia sempre algo a ser feito. Em casa, havia pilhas de atividades para corrigir; na escola, alunos que precisavam de orientação. A cada novo dia, parecia que eu me tornava uma supermulher, mas a verdade é que eu estava chegando ao meu limite, sem saber disso. Eu ignorei os sinais que o meu corpo me mandava... E fui ignorando até se tornar impossível continuar negligenciando a mim mesma em nome dos outros.

Os problemas de saúde não tardaram a aparecer. Catapora, dores na coluna e no braço, hérnia de disco no pescoço, artrose no joelho... E assim a lista continuava.

Faltavam apenas dois anos para a minha aposentadoria e eu seguia remediando todos esses problemas, empurrando as consultas com a barriga, tentando evitar o inevitável.

Eu estava exausta, mas ainda amava o que fazia.

Ainda acreditava no poder que a minha presença poderia exercer na vida dos alunos.

Eu sentia como se a minha saída pudesse deixar um buraco na vida desses alunos que tanto precisavam de mim.

Porém, a verdade é que ninguém poderia fazer por mim o que só eu poderia fazer, que era cuidar de mim mesma.

No final de um ano especialmente difícil, houve um dia em que não consegui levantar da cama. A dor e a fraqueza nas pernas eram insuportáveis. Chorava dia e noite e só então voltei ao médico que me acompanhava havia treze anos. Sem alternativas, precisei me readaptar. A dor física se misturava à dor emocional.

— Não consigo mais, doutor — eu disse, as lágrimas escorrendo pelo rosto. — Como vou continuar?

Ele foi firme, mas gentil.

— Vamos focar na sua recuperação primeiro. Precisamos cuidar de você. Depois você pensa em continuar.

Eu sabia que o que ele falava era verdade, mas não conseguia aceitar dentro de mim.

E aí o baque maior veio em seguida. Uma junta médica concluiu que eu não poderia voltar a lecionar e, num primeiro momento, me deram sessenta dias de afastamento e depois readaptação.

Chorei muito no consultório.

Não era possível que o sonho que tanto batalhei para realizar chegaria ao fim desse jeito!

Mas eu não tinha para onde correr. Devia aceitar e tentar seguir para me recuperar o mais rápido possível.

Minha rotina de tratamento era intensa: fisioterapia, acupuntura, hidroterapia. Me locomover era um desafio. A parte da coxa estava atrofiada e eu só conseguia levantar com a ajuda dos braços.

Quando os dias de afastamento passaram e voltei para a escola, os alunos me ajudaram, levando meu material e me apoiando pelos corredores.

— Cuidado, professora.

— Vou te ajudar com isso!
— Deixa que eu carrego para a senhora.
— Se apoia em mim!

Essas e outras frases se tornaram rotina na nossa nova dinâmica, enquanto fui me adaptando e encontrando maneiras de continuar.

"Por que tanto sofrimento, Deus?" Perguntava em minhas orações. "O que ainda preciso aprender?"

Essas provações me levaram a um verdadeiro deserto espiritual, onde éramos apenas eu e minha fé. A dor me fez entender que só compreendemos verdadeiramente o outro quando vivenciamos suas dificuldades.

Durante um episódio, precisei ir ao médico e não conseguia trocar a marcha do carro. O joelho doía tanto que precisei parar com o pisca-alerta ligado. Suava de dor, sentindo ânsia de vômito.

— Kiko, preciso de ajuda — eu disse ao telefone, quase em desespero.

Meu marido saiu do trabalho correndo para me socorrer.

A sensação de que nunca mais seria independente me consumia por inteira.

Passei a usar bengala, algo que nunca imaginei que aconteceria até eu ter idade avançada. Tive que abrir mão do meu carro e apenas usar ônibus, já que não confiava mais nos músculos do meu corpo.

Enfrentava ruas esburacadas, escadas e elevadores em manutenção. Cada saída era uma tortura física e emocional.

"Como fiz isso comigo?" Perguntava a mim mesma, buscando na fé uma calmaria para todo o tormento dentro de mim.

— — — —

Semanas depois...

Um dia, após uma perícia médica, decidi passar na escola para levar o laudo. Peguei um ônibus e, para a minha surpresa, o cobrador e o motorista se lembraram de mim.

— Boa tarde, professora! Não esperava vê-la aqui! Que alegria! — disse o motorista.

Olhei para ele por um momento, tentando reconhecer o rosto por trás do sorriso. Então, como um relâmpago, a lembrança veio.

— Lucas?

— Eu mesmo.

Lucas foi um dos meus primeiros alunos. Tinha tido dificuldades sérias com o uso de drogas, mas conseguiu sair dessa vida.

— Que prazer em te ver. Agora você trabalha como motorista?

Ele riu, um som que era ao mesmo tempo familiar e reconfortante. O som de quem sabe que venceu na vida, mesmo diante de todas as incertezas que lhe eram impostas.

— Sim, professora. Desde que me formei. E como a senhora está?

Vi que seus olhos se demoraram um pouco na minha bengala. Era um susto provocado nas pessoas ao qual estava começando a me acostumar.

Sorri, movendo-me lentamente pelo corredor até o assento mais próximo da cabine do motorista.

— Estou bem, dentro do possível. Estou afastada por problemas de saúde, mas me recuperando. E você? Como tem sido a vida desde a escola?

Lucas fez uma pausa, mantendo os olhos na estrada, mas seu sorriso permaneceu.

— Tenho trabalhado como motorista de ônibus há alguns anos, professora. Não foi fácil no começo, mas estou conseguindo. E sabe, professora, sempre me lembro das suas aulas e de como você nos encorajava a nunca desistir.

— Fico feliz em ouvir isso, Lucas. Você sempre foi um bom aluno, dedicado e respeitoso. E, pelo que vejo, continua sendo um exemplo — respondi, sentindo uma onda de orgulho.

Ele olhou para mim pelo espelho, seus olhos brilhando com uma mistura de gratidão e nostalgia.

— Você fez muito por nós, professora. Nunca me esquecerei de como você me ajudou a ver que eu poderia ser mais do que imaginava. Talvez, se não fosse pela senhora, eu nem estaria mais aqui...

E engoliu em seco, emocionado.

Eu também estava completamente tocada pelas suas palavras.

Respirei fundo antes de continuar:

— Às vezes, é difícil perceber o impacto que temos na vida dos outros. Mas ouvir isso de você, Lucas, me faz sentir que tudo valeu a pena.

Paramos em um semáforo e ele aproveitou para se virar um pouco mais na direção em que eu estava sentada.

— Posso perguntar uma coisa, professora?

— Claro, Lucas. O que você quiser.

— Não sei qual é a situação da senhora, mas será que não está na hora de se aposentar?

Soltei um suspiro profundo, lembrando dos desafios e das alegrias da minha carreira. Foi quase como se um filme passasse pela minha cabeça.

— Tem sido difícil, Lucas. Eu amo ensinar e amo estar com vocês, meus alunos. Mas, por mais que force, a verdade é que meu corpo não aguenta mais o ritmo. No entanto, momentos como este, reencontrando alunos como você, me fazem perceber que minha missão viverá para sempre nas histórias de cada um de vocês.

O semáforo ficou verde e ele voltou a atenção para a estrada.

— Você continua sendo uma inspiração, professora. Espero poder levar um pouco do que aprendi com você para outras pessoas.

— Tenho certeza de que você já está fazendo isso, Lucas — respondi, sentindo uma satisfação profunda e genuína.

Enquanto o ônibus seguia seu trajeto, ficamos em silêncio por um momento, ambos perdidos em pensamentos. Mas aquele silêncio estava cheio de compreensão e respeito mútuo.

Quando chegamos em frente ao colégio, onde eu iria descer, Lucas pediu licença aos passageiros, saiu do ônibus e me levou até a porta da escola.

Ao descermos juntos, outros alunos me viram e correram para me encontrar.

Lágrimas encheram meus olhos neste momento, não de dor, mas de gratidão.

Foi então que encarei, mais uma vez, o impacto que tive na vida daqueles que ensinei. Naquele instante, soube que minha jornada, por mais árdua que fosse, havia valido a pena.

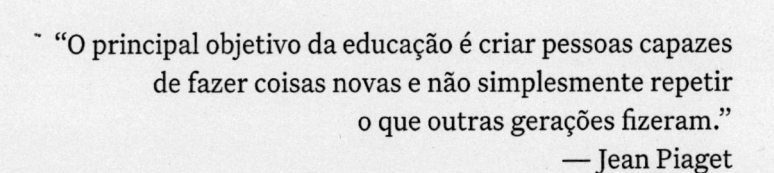

"O principal objetivo da educação é criar pessoas capazes de fazer coisas novas e não simplesmente repetir o que outras gerações fizeram."
— Jean Piaget

Capítulo 12

UM NOVO COMEÇO

Depois de sessenta dias afastada, finalmente voltei a trabalhar na rede municipal. Deus me preparou uma nova caminhada, um novo desafio.

A ansiedade pulsava no meu peito como se fosse meu primeiro dia, apesar de já ter mais de dez anos de história naquela escola.

Ao entrar, o ambiente familiar me parecia novo e estranho ao mesmo tempo. Não sabia onde me acomodar: na sala dos professores, no corredor, na secretaria, na biblioteca?

"Quem sou eu agora? O que vou fazer?", me perguntava em silêncio.

Eu sabia que voltar para a sala de aula não era uma opção, por conta da minha condição física. Porém, sabia que era na escola o meu lugar.

Enquanto eu vagava perdida em meus pensamentos, começaram a chegar minhas grandes amigas, uma a uma, com abraços calorosos e sorrisos reconfortantes.

— Regina, que saudade! — exclamou Eunice, me apertando em um abraço.

— A escola não é a mesma sem você — comentou Eugênica, piscando um olho.

— Estou feliz de estar de volta, meninas — respondi, com o coração acelerado.

Era o primeiro dia letivo e o diretor daquela unidade me chamou para uma reunião, afinal de contas, ainda não tínhamos decidido onde eu iria atuar.

Entrei na sua sala e me sentei na cadeira em frente à sua mesinha de madeira.

Conversamos brevemente sobre o meu estado de saúde e como as coisas estavam caminhando.

— E então, Regina? — perguntou ele, virando-se para mim com um sorriso encorajador. — Onde você acha que consegue auxiliar nossa escola?

Sem pensar, as palavras escaparam da minha boca:

— Gostaria de trabalhar com os alunos problemáticos da escola.

Houve um silêncio momentâneo, seguido por seu olhar surpreso. Eu podia sentir a tensão na sala.

— Quando um professor sai da sala, geralmente é porque já não suporta mais alunos com problemas — murmurou ele, colocando em voz alta os pensamentos.

Eu sabia que a sua linha de raciocínio estava certa.

Eu tinha sido afastada por problemas de saúde. Como eu poderia querer mais problemas?

Respirei fundo e expliquei:

— Quero uma mesa com telefone, uma lista com nomes e contatos dos alunos, uma ficha de encaminhamento e um funcionário que possa trazer o estudante até mim, já que não posso subir as escadas. Quero ser o elo entre o aluno, o professor e sua família. As escolas precisam disso, diretor. De alguém que os veja, mas os veja de verdade.

Lembro-me de quando percebi a necessidade de uma ponte entre o aluno, a família e a escola. O coordenador já tinha a árdua tarefa de trabalhar com os professores no processo de ensino-aprendizagem e o diretor se ocupava do processo administrativo. Mas e o social? O olho no olho? Isso sempre acabava necessitando de mais atenção.

O diretor assentiu, reconhecendo a seriedade do meu pedido. E assim foi feito.

Meus dias gradativamente foram ganhando mais cores, mais energia e calor. Finalmente, encontrei utilidade no meu trabalho.

Naquela época, não existia a função específica que acabou sendo criada anos depois: a mediação de conflitos, mas era basicamente isso o que eu fazia.

Segundo Jean Piaget, um psicólogo suíço conhecido por suas contribuições para a psicologia do desenvolvimento infantil e pela criação da teoria cognitiva, o castigo deve ser proporcional à ação. Como professora, sempre trabalhei com esse princípio e, com o tempo, fui aprimorando minhas técnicas como mediadora de conflitos.

Aqui estão algumas estratégias que utilizei e que podem te ajudar não só no ambiente pedagógico, mas na vida:

- Responsabilidade pelas atividades: se um aluno não faz a atividade, ele deverá completar a tarefa perdida e fazer uma pesquisa manuscrita, explicando seu entendimento sobre o assunto. Não adianta falar com os responsáveis se, por exemplo, tirar o videogame não resulta na tarefa feita. Se a situação persistir, convocamos os responsáveis para uma reunião, quando ambos, pais e alunos, assinam um compromisso com prazo para cumprir a tarefa.
- Responsabilidade moral: todos os alunos são responsáveis por sua conduta moral. A única vida que tenho que controlar é a minha. Respeito é essencial para todos.
- Respeitar as regras: se seu colega não cumpre, você deve fazer sua parte e mostrar que é educado, ajudando a criar uma corrente do bem. O exemplo deve vir

de nós. Não podemos mudar ninguém pela imposição, mas pelo exemplo.
- Tratamento do bullying: o bullying deve ser tratado de forma criativa. O aluno que comete bullying deve fazer uma pesquisa sobre o assunto e dar uma aula na sala explicando os motivos para não praticar o bullying.
- Registro de ocorrências: Todas as ocorrências devem ser registradas. O aluno deverá escrever sobre o que fará para promover uma mudança efetiva. Se brigarem, perdem o direito de brincar.

Acredito muito nessa última técnica, pois faz o aluno refletir sobre sua atitude e agir para corrigir. Se não houver uma mudança interna, eles pelo menos pensarão duas vezes antes de repetir o erro, pois é mais fácil ficar sem o celular do que trabalhar para corrigir um erro.

Às vezes, era necessário convocar os pais e orientá-los sobre como ajudar no crescimento moral dos filhos. Algumas dicas e conselhos que eu dava para os responsáveis eram:

Acompanhar os filhos;
Criar uma rotina que deve ser fixada no quarto;
Acompanhar as mudanças e elogiar as conquistas;
Demonstrar decepção, mas confiar na transformação;
Escolher uma atividade familiar para fazer juntos todo fim de semana, sem celular, como um piquenique no quintal ou um filme com pipoca;
Aproveitar todas as situações para interagir é fundamental. Por exemplo, se a criança está assistindo a algo, pergunte o que ela acha daquela cena e envolva um diálogo, mostrando o melhor caminho.

Minha principal função com as famílias era mostrar que nenhuma era perfeita, mas todas tinham a capacidade de melhorar, principalmente por meio do diálogo e do respeito.

Está tudo bem pensar diferente, mas não está tudo bem querer impor. Podemos discutir, mas não podemos deixar de nos amar. Não aprovo o erro do outro, mas não vou errar tentando mostrar que estou certa.

Ficar nessa função me ensinou muito também. Como, por exemplo, entender que cada indivíduo tem seu tempo de evolução e que cada ser humano é único e possui talentos diferentes. Não é possível exigir algo de alguém que ainda não está preparado. Resta acolher com amor, sem julgar, e dar o exemplo, lembrando que também não somos perfeitos e devemos ser humildes o suficiente para aprender com o outro.

Eu só sei que a escola melhorou muito e, no final do ano, o diretor foi homenageado pela evolução da unidade. Um reconhecimento mais do que merecido.

Nos próximos capítulos, quero compartilhar um pouco de tudo o que aprendi nesta nova função.

"A educação é a arma mais poderosa que você pode usar para mudar o mundo."
— Nelson Mandela

Capítulo 13

PROBLEMAS EM FAMÍLIA

Voltando a trabalhar na rede estadual como mediadora, eu já não estava tão ansiosa quanto no primeiro dia. Tinha meticulosamente formatado meu projeto e contava com o apoio caloroso da direção da escola. Parecia que tudo estava alinhado, mas rapidamente percebi que essa unidade trazia consigo desafios únicos...

Minha agenda se tornou uma teia intrincada de compromissos. Eu trabalhava lado a lado com a direção e as coordenadoras. Juntos, fizemos inúmeros encaminhamentos, envolvendo desde questões de saúde até complexas esferas de proteção infantil.

Tive a oportunidade de mergulhar no sistema jurídico, participando de audiências nas quais levava para o juiz a perspectiva da escola. Era visível o empenho de todos os envolvidos em melhorar a vida dessas crianças; cada relato que eu trazia recebia atenção dedicada.

Após cada audiência, eu me reunia com os professores. Era um momento de conscientização sobre o que realmente se passava com os adolescentes da nossa escola. Percebia nos olhares dos professores uma nova sensibilidade, um desejo genuíno de entender e ajudar mais profundamente. No estado, encontrávamos muitos casos de jovens em liberdade assistida, alguns vivendo em orfanatos, e todos buscando sua inserção na sociedade.

Houve um movimento palpável para tornar a vida desses alunos mais fácil na escola, acolhendo-os sem expor suas fragilidades. Cada passo dado era um avanço, uma promessa de um futuro melhor para aqueles que tanto precisavam.

Uma experiência em especial foi muito marcante para mim. Havia uma aluna no sexto ano muito revoltada. No início, eu acreditava que ela sofria bullying por ser lésbica e reagia a isso com agressividade.

Nos nossos encontros, eu sentia uma forte barreira, uma repulsa que ela erguia para se proteger. Mas, com calma e paciência, fui me aproximando cada dia mais de quem ela era de verdade. Permitia que falasse, sem entrar no mérito da razão, apenas acolhendo seu sofrimento.

Um dia, durante uma de nossas conversas, propus que ela mudasse a forma de se relacionar com a classe, sendo que, ao mesmo tempo, eu trabalhava com os alunos que produziam bullying com a colega.

Neste dia, era como se algo tivesse se quebrado dentro dela. Talvez as defesas que ela fortemente impunha para se proteger contra o resto do mundo.

Mas Michele — vamos chamá-la assim — olhou para o chão, lágrimas já embargando seus olhos, e o que se sucedeu foi um maremoto de dor e tristeza.

Para não causar gatilhos, evitarei reproduzir o que Michele me disse, mas, em resumo, ela era uma adolescente que sofria abusos cometidos pelo pai. E não só ela, todos os seus irmãos mais novos, em torno de sete crianças, sofriam nas mãos deste homem.

Além disso, a mãe também era vítima das violências do marido; violências físicas, psicológicas e sexuais.

Ou seja, eu estava lidando com uma família totalmente desajustada, cheia de feridas, que sofria crimes todos os dias pela pessoa que justamente deveria protegê-las.

O que dizer para uma adolescente em uma situação dessas?

Confesso que as palavras me faltaram.

Michele apenas chorava e eu segurava a sua mão e limpava suas lágrimas, somente desejando que ela soubesse que eu estava ali por ela, compartilhando de toda a sua dor.

Queridos leitores, como conseguir dormir depois disso?

Sua história caiu como uma bomba no meu coração, me engolfando em uma onda de tristeza e ansiedade.

Michele me pediu que eu não contasse para a mãe, pois tinha medo do que o pai poderia fazer. Eu concordei com ela, mas sabia que não poderia ficar calada. Algo precisava ser feito urgentemente.

Por estar envolvida nos processos de alunos em liberdade assistida, conversei com a minha diretora na época. Juntas, decidimos procurar a assistente social, que compreendeu perfeitamente o relato. Organizamos uma reunião com os diversos órgãos de ajuda do governo e essa família foi retirada do convívio com o pai.

Lembro-me da expressão de alívio no rosto da adolescente quando soube que estaríamos ali para ajudar. Era como se um fardo tivesse sido tirado de seus ombros, mesmo que momentaneamente.

— Sei que ele é seu pai, mas você entende que essa decisão é a melhor para sua família, né? — falei para Michele, tentando lhe oferecer o mínimo de conforto.

— Eu sei, professora. E sempre lhe serei grata.

As palavras de Michele acalmaram meu coração.

A assistente social fez questão de explicar o processo com delicadeza, garantindo que a família estaria segura.

— Vamos cuidar de vocês. Agora vocês estão seguras — dizia ela o tempo todo, sempre com gentileza.

O trabalho com o psicólogo foi fundamental para iniciar o processo de cicatrização das feridas emocionais. Inclusive com a mãe, que parecia ser a pessoa com mais danos aparentes de todo aquele filme de terror.

Infelizmente, a senhora estava tão acostumada aos maus-tratos que considerava a violência normal. Não conseguia entender a gravidade da situação.

— Achava que era assim que as coisas eram — explicou ela, com tristeza nos olhos.

— Não se culpe. Agora estamos aqui para ajudar vocês a construir um novo caminho — assegurei, procurando transmitir confiança.

— É um longo caminho pela frente, mas estamos aqui para apoiar vocês em cada passo — disse o psicólogo, com empatia.

Entender que essas situações vão além do simples bom senso foi um processo de aprendizado para todos nós. Eram crimes, cometidos contra toda uma família. E deveriam ser encarados como o que eram.

Os filhos mais velhos, apesar dos traumas, começaram a se envolver no apoio à mãe e isso trouxe uma sensação de união à família.

O comportamento daquela menina, a Michele, melhorou significativamente, mas ainda havia muito a ser feito para curar as revoltas causadas pelos traumas. Algumas cicatrizes são mais profundas do que outras, mas acreditamos que, com amor e apoio mútuo, a cura é possível.

A gente só não pode deixar de acreditar.

No meu último dia nessa escola, a menina apareceu com um vestido bonito e o cabelo arrumado impecavelmente. Seus olhos brilhavam com um misto de nervosismo e determinação. Ela estava radiante.

— Você está deslumbrante hoje! — comentei, admirando sua transformação.

Ela sorriu timidamente e então a abracei com força.

— Saiba que amo você exatamente como você é, independentemente de qualquer coisa, inclusive da sua orientação sexual — sussurrei ao ouvido de Michele, para que só ela pudesse ouvir.

Os olhos dela se encheram de lágrimas, emocionada com minhas palavras.

— Obrigada por tudo o que fez por mim! — ela respondeu com a voz embargada.

— Você é forte e corajosa. Acredite em si mesma — a encorajei, segurando suas mãos com carinho. — Deixe o tempo te dar as respostas. Viva o agora. Este é o momento de começar novos capítulos em sua vida. Seja feliz.

Ela assentiu, um sorriso sincero iluminando seu rosto, e respondeu:

— Eu prometo.

Foi nesse momento que percebi o quanto aquele trabalho tinha sido significativo. Não era apenas sobre cumprir obrigações profissionais; era sobre tocar vidas e fazer a diferença, mesmo que fosse uma única pessoa de cada vez.

"É no conhecimento que existe
uma chance de libertação."
— Leandro Karnal

Capítulo 14

UMA CARTA DE SOCORRO

Sexta série, ensino fundamental, uma sala tranquila, até um dia em que a coordenadora pedagógica me chamou dizendo que precisaria de mim, pois uma mãe havia procurado a escola apresentando uma carta sensual.

Isso aconteceu há uns trinta anos, quando crianças de onze anos eram apenas crianças de onze anos. Ficamos surpresos com o conteúdo da carta. Como eu olhava sempre os cadernos dos alunos, ela pediu para eu verificar a letra.

Assim foi feito.

Prestava muita atenção à letra dos meninos, até dos de outra série, mas não a reconheci de cara.

A investigação continuava, e nada. Já havia decorado a letra de tanto analisar, até que um dia a reconheci. Mas o caderno era de uma menina. Fiquei em choque, relembrando que nem se pensava nessa possibilidade!

A família foi chamada. Sempre era o pai que comparecia às reuniões. Foi relatado o ocorrido. O pai disse que a culpa era da mãe, que queria ter um filho homem e sempre tratava a menina como menino, dando bola e coisas masculinas!

Senti que havia algo errado, e me aproximei bastante desta adolescente. Ela tinha uma irmã na quinta série. Na época, ficava no intervalo com elas e mais algumas crianças. Com o tempo, elas foram aprendendo a confiar em mim.

Um dia, pedi que a sala fizesse uma redação com o título "Se eu pudesse mudar a minha vida, o que eu faria?". Na redação, ela se abriu. Nunca conseguiria imaginar a situação que vivia:

"Nasci em uma família em que o pai se sente no direito de ter relacionamento sexual com as filhas. Ele diz que, como nos alimenta, tem o direito. Resolvi ser homem, pois nossa mãe sempre dizia que, se nós fôssemos homens, isso não aconteceria. Mas, mesmo assim, percebo os olhares e a maneira que faz carinho em mim. Tenho muito medo! A minha irmã mais velha tem um filho dele. Fugiu de casa. Agora eu sou a próxima. Na época, um vizinho denunciou. Meu pai quase foi preso. Ele quase matou o nosso vizinho. Ele até se mudou. Com isso, não conseguiram provar nada e ele está solto. Fico muito desesperada. Eu e minha irmãzinha precisamos de ajuda!"

Sempre vem em mim o sentimento de impotência e desespero de precisar ajudar, misturados com o medo!

Mostrei a redação para a direção da escola. Resolvemos falar com a mãe em segredo, sem o esposo saber. Conseguimos encontrar a irmã mais velha, relatamos todo o ocorrido e essa irmã, junto com a mãe, organizou uma fuga e levou as duas irmãs com ela. A mãe continuou vivendo com o parceiro.

Depois disso, não sei mais nada, mas espero que essa redação tenha próximos capítulos de alegria e amor!

Caso você suspeite que uma criança ou adolescente esteja sendo vítima de abuso, não hesite em denunciar. Abaixo, alguns canais para isso:

- Polícia Militar — 190: quando a criança está correndo risco imediato.
- Samu — 192: para pedidos de socorro urgentes.

- Delegacias especializadas no atendimento de crianças ou de mulheres.
- Qualquer delegacia de polícia.
- Disque 100: recebe denúncias de violações de direitos humanos. A denúncia é anônima e pode ser feita por qualquer pessoa.
- Conselho tutelar: todas as cidades possuem. São os conselheiros que vão até a casa denunciada e verificam o caso. Dependendo da situação, já podem chegar com apoio policial e pedir abertura de inquérito.
- Profissionais de saúde: médicos, enfermeiros, psicólogos, entre outros, precisam fazer a notificação compulsória em casos de suspeita de violência. Essa notificação é encaminhada aos conselhos tutelares e polícia.
- WhatsApp do Ministério dos Direitos Humanos e da Cidadania: (61) 99656-5008.

"A oração, eis a primeira coisa a fazer,
e com a oração, o trabalho."
— São João Bosco

Capítulo 15

MÃOS À OBRA

Esta é uma história curiosa. Eu estava envolvida em uma saga pessoal que misturava ansiedade com uma boa dose de humor, embora eu não estivesse achando graça nenhuma na hora.

Você vai me entender. Mas, antes, preciso relatar algo que me aconteceu.

Havia financiado um apartamento na Zona Oeste, próximo ao trabalho do meu esposo e, como vocês sabem, no andar debaixo do da minha filha. Naquela época, ela estava vivendo em Angola. Eu estava acompanhando a reforma do apartamento dela e do meu.

O senhor que contratamos, que se dizia empreiteiro, estava enrolando a obra. Nós morávamos na Zona Leste e o empreendimento era na Zona Oeste, então só conseguíamos ir até o local aos finais de semana.

Chegou mais um final de semana e fomos à obra.

Quando chegamos, os dois apartamentos estavam abertos e faltava a caixa de piso do meu apartamento. Meu esposo estava tomando calmantes e apresentava quadro de depressão, sentindo a falta da filha. No mesmo momento, colocamos toda a parte elétrica no carro, fechamos os apartamentos e resolvemos ir até a casa do empreiteiro.

Colocamos o endereço no GPS e comecei a perceber que estávamos entrando em uma comunidade.

Trabalhei a minha vida toda e sabia bem como funcionava o entorno. Falei para o meu esposo para retornarmos, pois estávamos com um carro que chamava atenção, cheio de itens elétricos, já que usávamos o veículo do meu genro, um Fusion.

O meu esposo dizia: "Relaxa, está tudo certo!".

Em determinado momento, o carro não passava mais nas vielas.

Estacionamos o veículo e fomos a pé, e eu falando que isso não era seguro! Ele insistia que estava tudo bem! Estava ansiosa, para não dizer outra coisa. Sempre andei em comunidades, mas era conhecida nos lugares onde trabalhei, até era protegida. Agora, estava na Zona Oeste, onde não conhecia nada e ninguém!

Andando por lá, rezava para o meu anjo da guarda, enquanto meu marido seguia com aquela calma. Tive vontade de bater nele, só vontade. Até que escuto uma voz: "Professora! Diretora!".

Misericórdia, é agora!

Tudo acabou!

Escuto novamente: "Professora Regina!?".

Nossa! Falaram o meu nome!

Olhei para uma esquina e vi uns rapazes vindo na minha direção. Meu coração estava a mil. Mais perto, reconheci, era um aluno de uma escola da Zona Leste.

Ele ficou numa alegria imensa:

— Eu pedi para o Papai do Céu que eu não morresse sem antes te encontrar!

Começamos a relembrar os campeonatos em que não se podia falar palavrão e a regra do não uso de drogas para se conseguir atividades complementares como cinema, jogos e danças.

Fazia caminhadas no pós-horário em torno de um supermercado ao lado dessa escola e muitos alunos me acompanhavam. Ele foi um desses e disse com muito orgulho que não matava mais ninguém devido àquelas conversas, mas não poderia sair dessa vida, senão seria morto! Me perguntou o que estava fazendo naquele lugar. Expliquei que estava com um problema com o construtor para terminar meu apartamento e o da minha filha e que, inclusive, estava com o carro dela parado mais para cima.

No mesmo momento, pediu a um rapaz chamado Manquinho para colocar o carro em um lugar seguro. Passei o endereço para ele e fomos em busca do empreiteiro.

Chegamos ao local e a esposa do empreiteiro, que também era ajudante do marido, saiu na sacada, me viu com esse ex-aluno e começou a tremer. Eu, na minha inocência, acreditava que era devido à minha presença.

Ele me disse que todos o conheciam e que, diante de qualquer problema, era só chamá-lo. Entrei na casa e a senhora estava passando mal, foi quando vi o meu piso e outras coisas mais em cima da varanda. Fiquei muito triste.

Quando saí de lá, o empreiteiro não havia voltado.

Pegamos o Fusion e retornamos para casa.

Na semana seguinte, às sete horas da manhã, o empreiteiro me ligou dizendo que a obra estava a todo vapor e que eu não precisava ir acompanhada pelo chefe do tráfico da comunidade. Nesse momento, entendi os motivos para a senhora passar mal. Sei que depois disso, meu ex-aluno passava pela casa dele perguntando sobre a obra e mandando beijos para mim!

A obra foi concluída com louvor!

"A verdadeira educação é aquela que vai
ao encontro da criança para realizar a sua libertação."
— Maria Montessori

Capítulo 16

O ALUNO E O VOVÔ

No meu quinto ano como mediadora escolar, enfrentei um desafio que mexeu profundamente comigo. Era um aluno difícil, indisciplinado e intimidador para os outros estudantes. Mesmo após várias tentativas de acolhimento e orientação, ele sempre voltava aos mesmos hábitos problemáticos. O desânimo começava a tomar conta de mim, mas algo me dizia que eu não podia desistir.

Decidi então convocar a família para uma reunião. Para a minha surpresa, compareceu um senhorzinho de cabelos brancos, com dificuldades para andar, mas com um olhar cheio de amor e preocupação.

Era o avô do garoto.

Ele se aproximou de mim devagar, com passos cuidadosos, e sentou-se com um suspiro pesado.

— Professora, quem cria ele sou eu — começou o avô, visivelmente emocionado. — O pai e a mãe dele... eram muito jovens, não estavam prontos. Eu tento fazer o melhor, mas não tenho mais a energia de antes.

Sua voz tremia levemente e eu podia sentir o peso da responsabilidade em cada palavra.

— Entendo, senhor — respondi, tocando levemente sua mão em um gesto de apoio. — Mas precisamos trabalhar juntos. Podemos encontrar uma maneira de ajudá-lo.

O avô assentiu, seus olhos brilhando com uma mistura de esperança e cansaço.

— Eu farei o que for preciso, professora. Só me diga o que fazer.

Assim, começamos um trabalho conjunto.

O avô assistiu a algumas aulas com o neto, observando e aprendendo. Nos fins de semana, organizavam piqueniques no parque e assistiam a filmes no cinema. Os dois se tornaram inseparáveis e a relação entre eles era uma verdadeira inspiração para todos que os observavam.

E o menino, aos poucos, transformou-se diante dos nossos olhos.

As travessuras deram lugar ao empenho, e a indisciplina foi substituída por um comportamento mais sereno e cooperativo.

Ele não se tornou perfeito da noite para o dia, mas cada pequeno progresso era uma vitória comemorada com alegria.

Uma tarde, após mais um dia de aula, o garoto foi até a minha sala, querendo falar comigo.

— Professora, gosto de vir para a escola agora. Gosto das aulas e gosto do jeito que o vovô fica feliz quando conto o que aprendi.

Meu coração se encheu de emoção. Aquilo era mais do que eu poderia ter esperado. Eu via, diante de mim, a prova viva de que o amor e a dedicação podem mudar vidas.

Eu amava aquele vovô e aquele menino, e a forma como eles se reinventaram juntos me ensinou muito sobre o verdadeiro papel da educação e do cuidado.

Na verdade, tudo o que fiz foi uma ponte entre os dois. O menino, perdido, aprontava para chamar a atenção do avô, que, cansado demais, com todas as atribuições da vida, não conseguia perceber o seu pedido de socorro.

Às vezes, tudo o que a gente precisa é enxergar quem está ao nosso lado.

"O ideal da educação não é aprender ao máximo, maximizar os resultados, mas é antes de tudo aprender a aprender, é aprender a se desenvolver e aprender a continuar a se desenvolver depois da escola."
— Jean Piaget

Capítulo 17

A LUTA DE UMA FAMÍLIA

Esse relato me causou muita insônia.

No segundo ano, havia um menino lindo e revoltado, que se negava a fazer as atividades propostas e ficava desenhando durante toda a aula.

A professora fez o encaminhamento e eu percebi o seu sofrimento, pois quando um professor tem um aluno rebelde e agressivo, a situação acaba se tornando pessoal. O docente tem a obrigação de ensinar e o estudante se recusa a aprender, o que gera frustração e antipatia mútuas.

Meu primeiro contato com essa criança foi um horror. Perguntava qual era o motivo de não realizar as tarefas e ele respondia que não queria fazer. Tentava outros caminhos, mas não funcionava. Até que falei que teria que chamar a sua mãe e ele respondeu: "Se você conseguir, vou ficar muito feliz!". Foi o único momento em que parou de me agredir.

Pensei: Será que a mãe desse menino morreu?

Com muito cuidado, perguntei a ele o que havia acontecido, se poderia me contar. Segundo a sua interpretação, "o juiz me tirou junto com os meus irmãos mais velhos da guarda da nossa mãe". Logo imaginei que esse menino estava em uma instituição, um "orfanato". Fui me informar com a direção da escola e solicitei uma reunião com o responsável para entender melhor a situação.

O responsável pela casa prontamente compareceu e me relatou toda a problemática da família.

Era uma família com nove filhos, pessoas em situação de rua, aparentemente não usuárias de drogas, mas que não conseguiam pagar aluguel. O atual marido, pai das duas últimas filhas, era pedreiro, mas estava sempre desempregado devido ao alcoolismo. Naquela semana, os irmãos mais velhos foram para outras instituições e nosso aluno ficou ainda mais rebelde.

Solicitei a possibilidade de ir à próxima audiência. Nesse intervalo, comecei a ficar mais próxima dessa alma aflita.

No dia em que fui à instituição, ele ficou muito feliz e falou para os amiguinhos: "Essa é a Dona Regina, toma conta de nós na escola". Gostei de ouvir "toma conta". Percebi que ele me via como uma cuidadora.

Nas últimas ordens do juiz, a criança não podia ter contato com a mãe e também não estava vendo os irmãos, uma punição muito grande para uma criança de sete anos.

O juiz me permitiu falar e eu pedi que, enquanto não houvesse uma decisão, a mãe da criança pudesse ir à escola acompanhar o desenvolvimento do filho. O juiz permitiu.

Naquela audiência, presenciei muitos casos, principalmente de adolescentes que perderam os pais por drogas ou falecimento e não encontraram ninguém da família para tutelá-los.

Uma adolescente de quinze anos ouviu do juiz que, infelizmente, na sua idade, não conseguiria ser adotada e que, aos dezessete anos e onze meses, teria que sair da instituição e viver por sua conta. Fiquei chocada, mas essa é a pura realidade.

A responsável pela instituição me contou que, muitas vezes, essas meninas voltam com um filho e pedem para a criança ficar na instituição, pois estão abandonadas à própria sorte.

Voltando à família, a mãe começou a comparecer à escola. A alegria dele ao ver a mãe, o padrasto e as duas irmãs era de chorar. Ele tirava a sua blusa e entregava para a irmãzinha, trazia frutas no bolso para elas. Eu perguntava se ele não sentiria frio, e ele, feliz, dizia: "Não, lá na casa tem mais, a minha irmã não tem!".

Uma vez, a professora dele foi comigo à instituição e ele deu um longo abraço nela. Houve ali uma simbiose. No Dia das Crianças, a professora deu um presente para ele. Tudo começava a melhorar... Parecia um sonho, até chegar a tempestade.

A professora, infelizmente, precisou pedir licença médica, descobriu um câncer raro e faleceu.

Como dar essa notícia? Foi muito difícil para todos nós da escola perdermos uma alma incrível. Ela deixou uma filha adolescente e seu esposo sofreu muito. Deve estar no céu olhando por todos nós!

Em outra audiência, contei para o juiz sobre o progresso do aluno, bem como o amor que havia entre os irmãos e a dor de estarem separados. Decidiram pagar auxílio aluguel. A mãe teria que acatar as regras para conseguir todos os benefícios do governo, matricular todos os filhos na escola, fazer tratamento com psicólogo, e ajudariam inserindo o filho mais velho, a mãe e o padrasto no mercado de trabalho. A família voltaria à guarda da mãe!

Que alegria! Tudo certo, não é? Esse mundo não é para os fracos. Segura que vem mais história...

Conseguiram uma casa e eu pedi doações para os professores, que destinaram colchões, armários, fogão, geladeira e botijão de gás. A família estava reunida e tudo funcionando.

Na audiência que aconteceu um tempo depois, a mãe da criança estava trabalhando em uma casa para idosos, mas faltava muitas vezes, dizendo que não tinha com quem deixar a filha menor. O seu esposo se separou dela e o filho mais velho não conseguia acordar cedo para trabalhar.

Aos poucos, começaram a vender tudo para comprar comida. Sentia no olhar o desespero das autoridades para conseguir salvar essa família.

Resolveram convocar uma irmã dessa senhora para que fosse a tutora, recebesse o dinheiro e o administrasse, pois até o aluguel pararam de pagar. Provavelmente, voltariam para a rua e todo o ciclo se repetiria!

Sempre julgava a questão das bolsas do governo, mas hoje vejo que existem pessoas que realmente não têm capacidade de gerir a própria vida, dependem da boa vontade dos outros, vivem sem sonho e sem futuro, simplesmente respiram.

Todas as noites, eu pedia em oração para que as coisas se resolvessem da melhor forma, pedindo para que Deus olhasse para aquela família tão necessitada.

Como educadora, meu papel transcende o ensino formal; é ser um farol de esperança em um mundo que tantas vezes parece intransponível, no qual a compaixão e o cuidado podem oferecer o único conforto em meio à adversidade.

Espero que o pequeno ainda lembre de mim com carinho...

Pois eu continuo pensando nele e rezando para que esteja bem.

"Ensinar é um exercício de imortalidade:
De alguma forma, continuamos a viver naqueles
cujos olhos aprenderam a ver o mundo pela magia
da nossa palavra. O professor, assim, não morre jamais."
— Rubem Alves

Capítulo 18

SERÁ QUE A MISSÃO DE UMA EDUCADORA EM ALGUM MOMENTO CHEGA AO FIM?

Após anos de dedicação quase que completa, havia chegado o grande dia, aquele momento tão esperado que marcaria o início de um novo capítulo em minha vida.

APOSENTADORIA!!!

Eu mal podia acreditar...

Eu estava tão feliz que quase podia flutuar, cantando aquela música da personagem de *Frozen*, "livre estou, livre estou".

Eu adorava meu trabalho, porém, ansiava pelos dias em que poderia escolher como preencher meu tempo. E a verdade mesmo é que eu estava muito cansada. Precisava me cuidar, cuidar do meu marido, da minha família (que havia crescido bastante, mas logo conto mais), enfim, da minha vida.

Os planos já se amontoavam na minha mente: tomar sol todas as manhãs, fazer minhas caminhadas, botar a leitura dos livros adquiridos nos últimos anos em dia, encontrar novos hobbies ou simplesmente não fazer nada. Agora eu podia me permitir isso, né? Ah, é claro, sem esquecer que, acima de tudo, eu não precisaria mais dormir cedo nos domingos para enfrentar doze horas de trabalho na segunda-feira.

Tudo ia mudar.

Solicitei a aposentadoria dos dois cargos no dia 31 de janeiro, data em que completaria cinquenta anos. Na rede municipal, saiu em junho; na rede estadual, em setembro. Fiquei muito feliz!

Minha filha e o esposo precisaram passar dois meses na Itália e eu fiquei com meu neto, uma alma linda e bondosa, muito levado, amoroso e intenso. Foi bem cansativo, mas aproveitei todos os minutos ao lado dele. Matheus já era um mocinho, entendia tudo e acabou se tornando a minha companhia e a de Francisco.

Com a convivência mais de perto, percebi que, quando ficava agitado, Matheus perdia completamente o controle na brincadeira e acabava criando problemas nos relacionamentos com outras crianças. Ele tinha dificuldades em seguir comandos.

No início, acreditava que ele havia ficado traumatizado com a ida para Angola, pois era muito apegado às pessoas que ficaram no Brasil, principalmente eu e a outra avó, Ivete. Antes de ir, não havia percebido nada de anormal, exceto o desespero dele de não querer ir para a escolinha. Naquele momento, achava que era muito pequeno para ficar na escolinha das seis horas da manhã às cinco e meia da tarde. Sua avó materna ia buscá-lo, ele vivia doente, e eu, ainda trabalhando, saía da escola para, junto com a Ivete, levá-lo ao médico.

Minha sobrinha Celiane estava fazendo estágio na mesma escola em que Matheus estudava e relatou que ele sofria maus-tratos.

Nesse momento, meu genro e minha filha contrataram uma senhora que havia trabalhado na casa da minha irmã Luzia. Com a nova rotina, ele melhorou significativamente.

Depois de um tempo, meu genro Denis recebeu uma proposta para trabalhar em Angola, ganhando mais, e Joana teria a oportunidade de ficar em casa com o Matheus. Pense numa avó desesperada! Uma não, duas! Ivete também sofreu muito. Rezei muito a oração "Maria, passa na frente".

Eles retornaram depois de um ano e dois meses. Vocês podem dizer que foi pouco tempo, mas para mim foi uma eternidade. Coração de avó sofre em dobro.

Quando Matheus iniciou o processo de alfabetização, as coisas ficaram piores. Eu estudava com ele, percebia o quanto ele se esforçava para aprender e para ser melhor, mas não conseguia.

Conversei com a minha filha e pedi para levá-lo ao médico. Ela já havia consultado um psicólogo alguns anos atrás. A médica disse que estava tudo normal, usando isso como justificativa.

A escola não parava de chamar, e eu tentava ir junto com ela, explicando a melhor maneira de conseguir se aproximar e ensinar. Dei uma palestra na unidade sobre educação inclusiva. Nunca sofri tanto. Ajudei tantas crianças em toda a minha vida, mas não conseguia ajudar meu neto. Sabia que ele precisaria tomar medicamentos e fazer tratamento. Nesse momento, acompanhei, fiz o que podia e rezei!

Quando os pais têm filhos, não estão preparados para criá-los. Como dizem, "nasce uma criança, nascem um pai e uma mãe". Não é como brincar de casinha, pegar a boneca, colocar para dormir e ela só acordar quando você tiver vontade de brincar de novo. Os recém-nascidos têm uma demanda muito grande e cada etapa exige muito amor e comprometimento do casal.

Quando nos tornamos pais, temos que aprender bem rápido que, desse momento em diante, você não será mais cuidado; você terá que cuidar.

Não existe mais o "eu", agora é "nós". Agora, quem dá as cartas é a nova vida gerada. E quando a família permanece unida, um auxiliando o outro na sua dificuldade, essa família se torna gigante no amor, na cumplicidade e na lealdade. As dificuldades vão aparecendo, mas ao mesmo tempo vão fluindo e se resolvendo!

Abaixo, coloco o relato da minha filha sobre a jornada de descoberta e tratamento das dificuldades do Matheus.

Quando o Matheus tinha dois anos de idade, comecei a perceber a sua agitação. Em conversa com a pediatra, que também foi a minha durante a infância, ela sugeriu que poderia ser hiperatividade e recomendou levar ao psicólogo. Atendendo à solicitação médica, levei o Matheus ao psicólogo. Ele se comportou muito bem, nem parecia ser a mesma criança. A psicóloga disse que ele era um menino inteligente e normal e eu fiquei despreocupada.

No ano seguinte, nos mudamos para Angola e ficamos lá por um ano. Todos comentavam sobre a sua agitação, como se eu não conseguisse educá-lo ou impor limites. No início, achávamos que ele poderia ter herdado o comportamento da família, que também era de crianças agitadas.

Com o tempo, chegou a etapa escolar. No final do primeiro ano, Matheus ainda não conseguia ler e escrever, o que o deixava triste, pois queria acompanhar a evolução dos amigos. Procurei a escola, que me disse para não me preocupar, pois cada criança tem seu tempo de aprendizado. Decidimos mudá-lo para uma escola bilíngue, que era bem exigente. Os problemas começaram a ficar mais evidentes. Minha mãe conversou comigo, mas eu ainda não estava preparada.

A escola solicitou uma nova avaliação. Novamente, o resultado não apontou nada significativo, indicando apenas ansiedade. Como o Matheus estava com problemas de alfabetização, resolvemos contratar uma professora alfabetizadora, a Nelci, nossa vizinha. Nelci sugeriu levá-lo a uma fonoaudióloga de sua confiança. No exame feito pela fonoaudióloga, o diagnóstico foi de PAC (processamento auditivo central), indicando que, embora sua audição fosse perfeita, ele não conseguia processar e decodificar a mensagem corre-

tamente. Começamos a entender suas dificuldades em português, como interpretar textos e compreender instruções. Ele sempre se sentia ameaçado e reagia defensivamente. Depois de um ano, mudamos de escola novamente.

Na nova unidade, a direção fez outro encaminhamento, desta vez a um neuropediatra. A primeira médica não fez uma pesquisa aprofundada e queria prescrever medicamentos imediatamente. Procurei outra especialista, que foi totalmente diferente. Ela fez vários encaminhamentos profissionais, solicitou relatórios, inclusive da escola, e, com todos os exames e laudos médicos, chegou ao diagnóstico de TDAH (transtorno do déficit de atenção com hiperatividade). No início, foi muito complicado para meu esposo entender a necessidade de intervenção medicamentosa. Estávamos muito esgotados, achando que era preguiça ou que não sabíamos educar.

Foi um misto de emoções, alívio pelo diagnóstico, sabendo que teríamos como tratar e amenizar o sofrimento, tristeza pela situação vivida por falta de conhecimento nosso e com consequências na vida escolar de Matheus, e frustração ao saber que nosso filho tinha um problema. Quando ele começou a tomar o medicamento e a seguir as medidas necessárias que a escola deveria adotar, como provas adaptadas e sentá-lo na primeira carteira, houve uma melhora significativa no aprendizado e no comportamento.

Fiz um curso com uma profissional que me ensinou a cobrar os direitos (lei 14.254, de 30 de novembro de 2021, para TDAH). A nova escola, Nossa Senhora do Morumbi, tem sido uma parceira. Os professores estão em processo de adaptação. Minha relação com o Matheus foi melhorando, e, por meio do curso, entendi como deveria me comunicar e acolher seu transtorno. O relacionamento familiar melhorou e meu esposo se tornou um parceiro. Continuamos trabalhando e investindo no desenvolvimento físico, afetivo, cognitivo e emocional de nosso filho.

A jornada de descoberta e tratamento das dificuldades de Matheus foi marcada por muitos desafios e momentos de incerteza, mas também por um processo de aprendizado e crescimento familiar. Procurar apoio profissional adequado, entender os direitos e trabalhar em parceria com a escola foram fundamentais para o progresso de Matheus. A perseverança e o amor da família têm sido cruciais para proporcionar a ele um ambiente de apoio e compreensão, permitindo-lhe desenvolver todo o seu potencial.

Para quem não sabe, o processamento auditivo central, ou PAC, citado pela minha filha, refere-se às habilidades do sistema nervoso central para processar informações auditivas. Ele é responsável por como o cérebro interpreta e dá sentido aos sons que ouvimos. Quando há um transtorno do processamento auditivo central, o TPAC, a pessoa tem dificuldades em processar a informação auditiva de maneira eficiente, mesmo que sua audição periférica (a habilidade de ouvir sons) seja normal.

Pessoas com TPAC podem apresentar uma variedade de sintomas, como dificuldade em seguir instruções verbais, especialmente se forem complexas ou dadas em ambientes barulhentos; problemas em entender a fala em ambientes ruidosos; necessidade de pedir frequentemente que as informações sejam repetidas; e desafio para discriminar entre sons semelhantes (por exemplo, sons de fala como "da" e "ba"), o que acaba culminando em um desempenho escolar abaixo da média, especialmente em atividades que envolvem leitura e escrita.

E, para completar as explicações, o transtorno do déficit de atenção e hiperatividade, ou TDAH, é um distúrbio neurobiológico caracterizado por sintomas persistentes de desatenção, hiperatividade e impulsividade. É comum na infância, mas pode continuar na adolescência e na vida adulta.

Entre suas principais características, estão a desatenção, com a criança apresentando muita dificuldade em manter o foco em tarefas ou atividades lúdicas e frequentemente parecendo não escutar quando lhe dirigem a palavra. Além, é claro, de muita dificuldade em seguir instruções e finalizar tarefas e facilidade para se distrair com estímulos externos.

Dentro da hiperatividade, os sintomas são inquietação e dificuldade em permanecer sentado, principalmente por longos períodos; muita agitação em atividades físicas, como correr ou subir em lugares inadequados; fala excessiva; e muita dificuldade em brincar ou se envolver em atividades silenciosas.

Por fim, temos a impulsividade. A criança geralmente responde antes de a pergunta ser concluída, se mostrando impaciente; dificuldade em esperar sua vez, principalmente em brincadeiras coletivas; e há o hábito de interromper ou se intrometer nas conversas ou jogos dos outros.

Esse relato da minha filha é de extrema importância. Quantas crianças sofreram e ainda sofrem devido a novos transtornos, dentro e fora da escola. Até algum tempo atrás, estes transtornos eram tratados como falta de interesse, preguiça, desmotivação ou falta de educação e de limites. O primeiro reflexo disso é o abandono por parte dos pais e professores. Na escola, muitas vezes a atitude era: "Se nem os pais resolvem, eu é que não vou me preocupar". E na família, dizia-se: "O problema é da escola. Talvez seja burro mesmo, não nasceu para o estudo".

A criança, então, cresce, torna-se adolescente e adulta, simplesmente perdendo a oportunidade de evoluir, acumulando traumas e agressões. Muitas vezes, na adolescência, entra no mundo das drogas lícitas e ilícitas, tornando-se um problema social.

Se eu puder dar algumas dicas para o leitor que esteja passando por essa provação, são estas:

Nunca abandone o seu filho.

Procure todo tipo de ajuda.

Nunca o deprecie ou o compare com outra criança.

Não julgue seus sentimentos.

Por fim, lembre-se: o conhecimento liberta. Estude, informe-se e, principalmente, ame!

Antes do próximo capítulo, preciso falar dela, da última integrante desta família linda que eu tanto amo.

Depois de oito anos, veio a querida Sofia. Nasceu para brilhar, adora dançar e tem uma facilidade incrível para interpretar.

Muito alegre, amorosa e sensível. Com a sua chegada, me voltei para ela, tentando ajudar conforme havia necessidade.

Nesse momento, Denis e Joana estavam aprendendo e se adaptando à nova dinâmica com o Matheus. Os três amadureceram juntos. Hoje, Matheus é um adolescente lindo, está acompanhando bem a escola e se esforça muito. Tenho muito orgulho dessa família!

"A principal tarefa da educação moderna não é somente alfabetizar, mas humanizar criaturas."
— Cecília Meireles

Capítulo 19

O QUARTETO FANTÁSTICO

Chegou o momento do quarteto fantástico: meu pai, mãe, sogro e sogra!

Meus pais moravam há trinta anos no litoral de São Paulo, na Praia Grande. Meu pai tinha asma e sofreu muito durante sua vida com crises frequentes. Muitas vezes, saíamos correndo de São Paulo para levá-lo ao hospital. Com o passar do tempo, as crises foram piorando e ele foi internado várias vezes com pneumonia. Nossa dinâmica, minha e do meu esposo, era visitar meus pais em uma semana e, na outra, os meus sogros.

Quando meu pai tinha oitenta e oito anos, ele me falou que não aguentava mais morar na praia. Estava muito difícil dirigir e ajudar minha mãe; ele se sentia muito cansado. Levei-o ao médico, que nos orientou: "É melhor estar perto de um filho e ser socorrido o mais rápido possível. Os medicamentos de hoje são muito eficientes, não importando morar em São Paulo ou no litoral".

Havíamos feito um acordo de que, quando ele quisesse voltar a morar em São Paulo, falaria conosco e nós providenciaríamos tudo.

No início, foi complicado. Minha mãe não queria voltar; tinha sua vida estabelecida naquele local, com a igreja e as amigas. Ela não entendia e gostaria que algum filho fosse morar com eles, mas, infelizmente, isso não era possível. Minha mãe sempre foi manipuladora e conseguiu levar a Luzia para o seu lado. Passamos por grandes provações.

Essa memória que vou descrever foi muito poderosa, me dando a certeza de que somos ouvidos no mundo espiritual.

Era cinco de dezembro, aniversário de casamento dos meus pais. Meu pai fazia muita questão dessa data. Comprei um bolinho e cantei parabéns para eles. Depois, fui para o corredor, olhei para as fotos dos meus avós paternos e maternos em um quadro na parede e comecei a falar com eles. Eu disse que os filhos deles estavam me dando trabalho, que eu não sabia o que fazer. Tinha medo de trazer meus pais para São Paulo e meu pai morrer mais rápido ou minha mãe morrer de depressão por ter saído de sua casa. Olhando para a foto das duas avós de braços dados, pedi que viessem falar com minha irmã Ângela sobre o que deveríamos fazer.

Despedi-me dos meus pais e retornei para São Paulo, muito triste, e contei para meu esposo o que havia ocorrido. Ainda disse: "Estou ficando louca, conversando com mortos!". Me perguntei se minha mãe teria que passar por tudo o que meu pai estava passando para entender como é difícil ficar sem ar.

Na mesma semana, minha irmã Luzia foi passar uns dias com eles no litoral. Minha mãe começou a passar muito mal e Luzia a levou ao pronto-socorro da região. Lá, disseram a mesma coisa que sempre ouvíamos dos médicos: "Melhor levá-la ao convênio em São Paulo; tem mais recursos que aqui".

Luzia, desesperada, trouxe os dois para São Paulo, e minha mãe chorava, passando muito mal. Ela teve pneumonia. Minha irmã percebeu que não havia mais condições de eles morarem sozinhos no litoral.

Com minha mãe ainda doente na casa da Luzia, no mesmo sábado, Ângela me ligou desesperada, contando que havia visto as duas avós no seu quarto. Para ela, não foi um sonho; ela ficou com muito medo e, em seu sonho, ouvia minha voz dizendo: "Ângela, deixa as avós dizerem o que devemos fazer com o pai e a mãe!".

Eu disse para Ângela:

— Fui eu que pedi!

Ângela, muito brava, me disse:

— Como você faz isso comigo? Sabe que tenho medo!

Falei para ela:

— A mãe sempre conta que a vovó Ângela, que tinha o seu nome, quando morreu, veio te avisar. Achei que você tinha o dom. Além disso, se eu falasse para aparecerem para mim, ninguém iria acreditar, pois todos sabiam que eu queria trazê-los para São Paulo.

Fiquei com aquilo na cabeça.

No dia seguinte, fui à missa, e o padre, na hora do sermão, disse que Deus permite mensagens no sonho, que pode usar alguém da família, como os avós, para não nos assustar. Pensei: "Mais prova do que isso? Precisamos trazê-los para São Paulo!".

Assim, os quatro irmãos se organizaram e alugamos um apartamento no prédio ao lado do meu. Deus nos perdoe, fizemos um contrato falso, colocando um valor menor. O contrato original foi feito em nome da Ângela, e nós, os quatro irmãos, pagávamos a diferença, pois eles não queriam depender dos filhos.

No mesmo dia que saíram da casa, uma vizinha devota de Maria Santíssima alugou o imóvel, tudo certo!

No começo, minha mãe ficou revoltada, mas depois foi criando amizade com as vizinhas e tudo foi ficando mais fácil. Eu e meu esposo íamos à feira, ao mercado, à farmácia, ao médico, tudo que demandava um casal na velhice. Levávamos à missa e recebíamos meus irmãos, fazendo tudo o que podíamos.

— — — —

Depois de um ano, meu sogro começou a piorar com problemas nos rins. Ele tinha insuficiência renal e precisava tomar injeção três vezes por semana.

Como vocês sabem, estávamos morando na Zona Oeste de São Paulo, e meus sogros, na Zona Leste.

No início, Luzia e seu esposo, Franklin, começaram a levá-lo ao posto, mas foi ficando complicado, pois a demanda era maior. Íamos e providenciávamos farmácia, médico, compras. Então, minha sogra pediu para morar perto de nós, como era o caso dos meus pais.

Alugamos um apartamento no mesmo bloco dos meus pais e iniciamos nossa nova saga.

Tudo era multiplicado por quatro: médicos, farmácia, mercado, feira. Fazíamos tudo de coração. Nos domingos, assistíamos à missa das dez e, em seguida, almoçávamos juntos. Normalmente, minha mãe levava o molho e minha sogra, a sobremesa.

Quando olho pela sacada do meu prédio, tenho a lembrança deles indo para casa tirar a soneca da tarde. Que saudade!

Nossa vida girava em torno deles.

Depois de quatro anos, eu e meu esposo ganhamos do meu genro e da minha filha duas passagens aéreas para a Europa. Fomos com eles e meus netos, pois estávamos precisando de férias. Meus pais ficaram na casa da Luzia, enquanto a Teresinha, prima do Francisco, meu esposo, e a tia Valcedi foram ajudar minha sogra.

Na França, roubaram a bolsa da Sofia, que tinha sete meses. Dentro, estavam os passaportes da família dela. O meu estava guardado no hotel. A Joana e o Denis ficaram na

França para resolver as documentações, ao passo que eu e o Francisco fomos para Portugal.

Meu grande sonho era visitar o Santuário de Nossa Senhora de Fátima. Que país maravilhoso! Os portugueses tratam muito bem os brasileiros.

Quando chegamos ao santuário, chorei copiosamente. Estava andando sem muletas, com as minhas próprias pernas. Quanta gratidão pelo amparo recebido durante minha vida pela mãezinha do céu. O Francisco chorava comigo.

Implorei por sua intercessão pela saúde de uma amiga que estava internada há algum tempo esperando um transplante de coração e pedi pela minha neta Sofia, que nasceu com um rim parado e precisaria retirá-lo quando completasse dois anos.

Depois, fomos para a Espanha e reencontramos a família. Tudo deu certo; conseguiram novos passaportes em Paris. Em seguida, fomos para a Itália, minha origem!

Fomos à cidade de Pizzoferrato, no alto da montanha, linda como meu pai dizia. Por videoconferência, mostrei a casa onde ele morava, a igreja e o piano que tocava. Imaginem só, encontrei um coleguinha de infância e eles tiveram a oportunidade de conversar. Meu pai estava muito emocionado e nós também!

Jantamos na casa dos parentes da minha mãe, na cidade de Lanciano. Ficamos alguns dias na casa da tia Carolina e do tio Albino, meus padrinhos de batismo. Minha mãe acompanhou tudo por videoconferência.

Agradeço muito a Deus e à minha filha e genro por propiciarem esses momentos!

Ah! Fui à igreja do Milagre da Hóstia Pulsante em Lanciano, onde meu pai sempre pedia para irmos. Fui a Roma, sempre com os mesmos pedidos para minha amiga e para a Sofia.

Voltamos para o Brasil no dia 8 de setembro de 2019. Minha amiga Silvia recebeu um novo coração no dia do seu aniversário, 6 de setembro de 2019. Liguei para o esposo dela, dizendo para que tivesse força, pois o milagre viria, e ele veio. Que alegria!

Depois, minha filha foi ao médico da Sofia fazer os exames de rotina para acompanhar a evolução. Meu genro Denis falou para o médico que eu tinha ido a todas as igrejas pedindo para que a Sofia não precisasse operar. O médico disse que até aquele momento nunca tinha visto um rim desaparecer por conta própria e que o procedimento seria sua retirada quando ela completasse dois anos. Após os exames, o médico falou que pareciam ter dado certo as minhas idas às igrejas pedindo a graça, pois o rim da Sofia havia sumido! Glória a Deus!

Cada dupla do quarteto fantástico ficou aos nossos cuidados por exatamente quatro anos. Honro esse período e tenho muita gratidão a Deus por termos conseguido fazer o nosso melhor. Vocês podem me dizer: "Que lindo!". Pode ser lindo, mas são muitas as dificuldades.

A primeira é passar um período sacrificando sua vida, como nossos pais fizeram conosco. Eles se tornam muito carentes. Essa atitude tem que ficar muito clara no nosso coração. Estão sofrendo com a degradação do corpo físico, tornam-se adolescentes rebeldes, crianças fazendo arte, mais egoístas, e fazem de tudo para chamar atenção. Na última fase, voltam a ser bebês, dormem mais do que ficam acordados e perdem a vontade de beber e comer.

Todas as vezes que íamos ao pediatra, relatávamos os ocorridos com a criança e o médico sempre dizia: "É fase, mãe, vai passar!". É exatamente o mesmo processo que ocorre na velhice, são fases. Assim como uma criança é diferente da outra, cada idoso tem suas particularidades.

Nossos pais não deixaram de nos amar, estão passando pelas etapas da velhice. Nesse momento, feliz é a família que pode partilhar o seu amor em retribuição ao que recebemos deles um dia. Se também não receberam como desejaram, lembrem-se, foram eles que deram a vida a vocês e fizeram o que podiam conforme a maturidade que tinham.

Voltando de viagem, as coisas deram uma desandada. Minha sogra, Clarisse, estava sangrando, então a levamos a um médico particular. Foi feito exame ginecológico e detectada uma infecção urinária.

E meu pai, Ugo, estava reclamando de dor nas costas. Com o passar dos dias, as dores se tornaram insuportáveis e ele precisou fazer uma tomografia da coluna. Ele gritou o exame inteiro, foi horrível. Depois, começou com asma. Tratamos com corticoides, bombinhas e antibióticos, mas nada resolvia. Passávamos as noites sentados com ele, com a janela aberta e fazendo inalação.

Chegou um momento em que precisei acompanhá-lo ao centro clínico todos os dias. Ele não queria ser internado para usar oxigênio e ser examinado. Não tinha mais forças e precisava andar de cadeira de rodas. São lembranças doloridas!

Um dia, eu e minha irmã Luzia estávamos jantando com eles. Durante a refeição, percebi que algo estava diferente. Parecia que a alma dele estava saindo do corpo; o olhar estava estranho. Sentamos ele ao lado da minha mãe, e ele colocou a cabeça no ombro dela. Luzia estava lavando a louça e eu secando. Como estava desconfiada, voltei e percebi que ele estava morrendo. Falei para a Luzia, enquanto minha mãe assistia à novela, sem entender o que estava acontecendo. Rapidamente, chamei meu genro Denis e minha filha Joana. Eles chegaram num segundo, pegaram meu pai no colo junto com o oxigênio e o colocaram no carro. Sentei no banco de trás com ele, liguei o oxigênio e chegamos ao hospital em menos de cinco minutos.

Enquanto isso, Luzia avisou toda a família.

Quando ele saiu do atendimento, todos os netos que estavam em São Paulo, os filhos, nora, genros, se encontravam lá.

Aqui, preciso relatar o auxílio que sempre recebemos dos nossos cunhados. O Franklyn, casado com a Luzia, tem um jeito bravo, mas demonstra amor cuidando e fazendo pratos maravilhosos. Nosso sítio está lindo graças ao cuidado e dedicação dele.

O Francisco, esposo da Ângela, é muito solícito e mediador, sempre falando com um aqui e outro ali.

A Darcy, nossa cunhada, coitada, ganhou três irmãs sem pedir. Pense em uma pessoa caprichosa? Com certeza, ela é mais.

Todos eles se dedicaram ao meu pai e tenho certeza do amor que cada um sentia por ele. Vocês podem me dizer: "Que família perfeita! Em que mundo você vive?". Não existe nada perfeito. Já discutimos e ficamos irritados um com o outro, mas não desistimos de estar juntos, ora aprendendo, ora ensinando. Essa é a grande mágica do amor!

O médico ficou emocionado.

Fizemos revezamento para ficar com ele. Meu pai se sentiu tão feliz que nem parecia que havia acontecido algo. Expliquei ao médico que ele estava fazendo um tratamento todos os dias para não precisar ficar internado.

Meus sobrinhos falavam para ele: "Se cuida, vozão, vamos nos encontrar na festa do fim do ano". Ele fazia sinal positivo, dizendo que sim.

Tudo isso aconteceu em meados de novembro de 2019. No dia 20 de dezembro, fizemos uma festa de aniversário para ele, que estava completando noventa e dois anos. Estava muito fraco, mas bem feliz!

No final do mês, outra festa para comemorarmos o aniversário dos meus netos Sofia e Matheus. Ele ficou um pouquinho, estava muito cansado, mas meus sobrinhos permaneceram um tempo com ele no apartamento e ele se sentiu novamente muito feliz!

O tratamento diário continuava. Passávamos horas no centro clínico. Colocava no celular histórias de santos e ia lendo para ele durante as inalações. Algumas vezes, ele ficava fora de si. Era muito difícil para mim. O médico dizia que era o processo. Sempre que saía da clínica, estava melhor e falava para o médico: "Eu vou à festa da virada do ano com a minha família no hotel!". Era tradição a família ficar unida na virada do ano. Alugávamos um sítio e, naquela ocasião, tínhamos reservado um hotel!

O combustível de vida do meu pai era a família.

O médico sabia que ele estava em processo de morte e o liberou para irmos celebrar a virada do ano.

Próximo à meia-noite, ele passou muito mal, gritava meu apelido, Tita!, como se eu pudesse lhe devolver o sopro de vida. Fiz todos os procedimentos que sabia, ele foi estabilizando. A família ficou no quarto com ele e comemoramos nossa última virada de ano na sua presença.

Ele não faleceu naquele dia. Ainda ficou mais uns dez dias fazendo tratamento no centro clínico. A afilhada do meu pai, Paula, todos os dias realizava fisioterapia pulmonar. O médico pediu para ser feito em clínicas especializadas, pois havia equipamentos.

Eu estava muito cansada e com infecção urinária, então pedi para o meu irmão Alfredo e minha cunhada Darcy ficarem um pouco com ele, já que havia uma clínica próxima à casa deles. Ele piorou e precisou permanecer no hospital.

No primeiro dia, fiquei com ele para que se sentisse seguro. Expliquei que, naquele momento, o hospital iria ajudá-lo a sofrer menos. Ele ainda tinha esperança de sair vivo. Os dias foram passando, ele piorando e a esperança acabando.

No dia 12 de janeiro, ele falou comigo que todo o esforço feito por mim teria sido em vão. Queria morrer, não aguentava mais tanto sofrimento, como se pedisse desculpas por desistir da vida. Naquele momento, permaneci em choque, respirando devagar e reunindo forças para ajudar. Ele falou sobre a minha mãe, dizendo que sabia que eu não tinha condições de ficar com ela, pois já estava muito pesado cuidar do meu sogro e da minha sogra. Ele compartilhou a preocupação de deixá-la, temendo que ela sofresse. Falou com cada filho, explicando que precisava partir, e pediu para a Ângela tomar conta da nossa mãe.

Na despedida com a minha mãe, eles conversaram em italiano. Ele pediu que ela rezasse para ter uma boa hora. O que ele falou com cada um está guardado no nosso coração.

No dia 14, fui passar a noite com ele. Fazíamos um revezamento. A Ângela havia dito que ele estava bem, comeu o bolo do seu aniversário e sorvete, e havia recebido a visita da comadre Maria e da afilhada Tatiane. Fiquei feliz. Meu sobrinho André estava com ele e meu esposo subiu para fazer uma visita. Após algum tempo, todos foram embora.

Ele pediu para colocá-lo na cama e me pediu para falar ao meu sogro Victor que o desculpasse, pois ele não conseguiria esperá-lo. Meu sogro era mais velho que meu pai e fizeram um combinado: ele esperaria meu pai chegar à idade dele para irem juntos.

A noite mais triste da minha vida havia chegado.

Meu pai perguntou o motivo de tanto sofrimento, se ele lembrava das histórias dos santos e da própria história de Jesus. Expliquei que o sofrimento é uma forma de purificação e prova de fé e que tudo tem uma justificativa, mesmo que não saibamos qual. Ele não aceitava mais os medicamentos, soro, nada. Ficou muito agitado.

Saí do quarto, chorei, me recuperei e voltei.

Pedi para a família toda parar o que estava fazendo e rezar por ele. Pedi ao médico que desse algo para tranquilizá-lo. Ajoelhei diante de sua cama, peguei sua mão e fiquei rezando.

Meu irmão Alfredo chegou e fez a oração dos enfermos. Ele foi se acalmando e entrou em um sono profundo. Meu irmão voltou para casa e no dia seguinte retornou com a minha cunhada Darcy, já que no hospital não era permitido mais de uma pessoa. Continuei o terço. Percebia um calor em volta dele, como se mais pessoas estivessem ao seu redor, rezando.

No dia seguinte, 15 de janeiro, às sete horas da manhã, meu irmão e minha cunhada chegaram. Dei um beijo no meu pai, coloquei a mão no seu pé e disse que sabia que não o veria mais vivo.

No carro, liguei para a minha filha, sogro e sogra, para que eles se preparassem.

Cheguei na garagem do meu apartamento, entrei no elevador, e um pensamento se formou na minha mente: "Respire fundo e deixe-o ir". Abri a porta e o telefone tocou.

Meu irmão disse: "Ele foi embora".

Dei um grito!

Parecia que haviam arrancado um pedaço do meu peito. Coube à minha cunhada Darcy acompanhar a partida dele. Ela segurava sua mão e cantava o hino católico *A barca*.

A barca

Tu, te abeiraste na praia
Não buscaste nem sábios nem ricos,
somente queres que eu te siga!

Senhor, Tu me olhaste nos olhos,
a sorrir, pronunciastes meu nome,
lá na praia, eu larguei o meu barco,
junto a Ti buscarei outro mar...

Tu sabes bem que em meu barco
Eu não tenho nem ouro nem espadas,
somente redes e o meu trabalho

Tu, minhas mãos solicitas,
meu cansaço que a outros descanse,
amor que almeja seguir amando.

*Tu, pescador de outros lagos,
ânsia eterna de almas que esperam,
bondoso amigo que assim me chamas.*

*Tu, te abeiraste na praia
Não buscaste nem sábios nem ricos,
somente queres que eu te siga!*

*Senhor, Tu me olhaste nos olhos,
a sorrir, pronunciastes meu nome,
lá na praia, eu larguei o meu barco,
junto a Ti buscarei outro mar...*

*Tu sabes bem que em meu barco
Eu não tenho nem ouro nem espadas,
somente redes e o meu trabalho*

*Tu, minhas mãos solicitas,
meu cansaço que a outros descanse,
amor que almeja seguir amando.*

*Tu, pescador de outros lagos,
ânsia eterna de almas que esperam,
bondoso amigo que assim me chamas.*

"O amor é o eterno fundamento da educação."
— Johann Heinrich Pestalozzi

Capítulo 20

O REENCONTRO

Passados alguns meses, pedi ao meu anjo da guarda que me presenteasse. Eu gostaria de saber como estava meu pai, pois me preocupava. Ele era muito apegado à família. Quando saiu da Itália, perdeu muito da sua alegria, e eu rezava muito por ele.

Não sei precisar o tempo, mas tive um sonho muito realista. Meu pai estava sentado e tudo ao seu redor estava escuro, a luz só focava nele. Eu estava no mesmo lugar, mas no alto. Olhava para ele como se fosse através de um óculos de cinema e falávamos por telepatia.

Conversamos bastante, e o que pude lembrar é que tudo era muito diferente do que eu imaginava. Ele estava próximo ao sol, era muito quente e eu sentia que ele não estava bem. Eu dizia para ele ser feliz, que sua missão havia terminado, e agradecia-lhe e o honrava por ter sido meu pai.

Agradeci ao meu anjo da guarda e permaneci em oração, pois sentia que ele ainda estava perturbado com tanta novidade.

Depois de um tempo, falei novamente para o meu anjo da guarda que gostaria de ter certeza de que realmente estive com meu pai. Pedi, se Deus permitisse, para vê-lo novamente e sentir se ele havia melhorado.

Alguns dias se passaram e "sonhei" que estava no mundo espiritual. Havia um prédio muito grande, todo pintado de branco, e meu pai estava sentado, rodeado por crianças brincando.

Ele estava com um aspecto melhor, parecia até mais jovem. Conversamos e lembro-me do recado que ele mandou para Ângela, dizendo que ela receberia um e-mail de uma empresa muito boa e que, em quinze dias, ela começaria a prestar serviço para a Consultoria Ragnelli. (A Ângela deu esse nome em homenagem ao nosso pai, Ugo Ragnelli.)

Saindo desse local, encontrei meu irmão Alfredo e minha irmã Ângela sentados. Perguntei, muito espantada, o que eles estavam fazendo ali.

Meu irmão me respondeu:

"O mesmo que você, procurando o pai."

Muito feliz, eu disse que o havia encontrado e que ele mandara tal mensagem para Ângela.

No dia seguinte, liguei para Ângela, contando todo o sonho. Ela ficou muito emocionada, dizendo que acabara de receber o e-mail e que, em quinze dias, começaria a trabalhar em uma grande empresa! Louvado seja Deus!

Havíamos comprado, com o dinheiro da herança do meu pai, uma propriedade, complementando com o que faltava.

Os quatro irmãos queriam manter o legado dos nossos pais: a família sempre unida, dando oportunidade para as novas gerações crescerem juntas, com memórias da infância, como os meus sobrinhos cresceram na casa de praia deles, sempre recordando com muita alegria.

Era Finados, eu estava com meus irmãos no sítio.

Fui dormir e fiz as minhas orações, novamente falando com o meu anjo da guarda. Como perturbo esse meu amigo, que tanto agradeço e honro! Costumo dizer que ele deve ser robusto, pois me tirou de muitas enrascadas!

"Meu anjo, só me manda um recado dizendo se meu pai mudou de lugar, pois, uns dias antes, ouvi o seu grito no meu quarto, tentando me acordar, mas quando despertei, não vi nem ouvi nada!"

Nesta noite, sonhei que estava no mundo espiritual, andando por muitas casinhas.

Encontrei um ex-vizinho do tempo em que morava na Zona Leste. Esse senhor havia ido até a minha casa, um dia, pedindo para levá-lo ao hospital, pois não estava bem. Meu esposo o levou. Já havia se passado uns seis anos e eu sabia que ele tinha morrido.

Sempre tinha sonhos com almas conhecidas pedindo orações. Então, disse a ele para ficar tranquilo, que eu rezaria por todos da sua família, e disse os nomes. Ele me agradeceu e eu pedi licença, pois estava procurando uma pessoa.

Ele falou: "Eu sei, o seu pai. Por isso fui enviado. Ele não está mais aqui, foi para o outro lado do rio".

Quando acordei, lembrei-me do sonho e liguei para uma amiga, Maria, que ainda morava no mesmo local. Como havia dito, eu sabia que ele tinha morrido, mas em relação aos demais nomes que falei no sonho, eu não sabia. Perguntei para a Maria, recitando os nomes e perguntando se tinham morrido. Ela confirmou. Rezei missa e também o terço para eles.

Quando morremos, as orações recebidas pelos que ficaram na Terra são de extrema importância. Quando sentimos tristeza e saudade de alguém que partiu, devemos intensificar as orações. Sempre rezo pelas almas do purgatório. É um ato tão simples que pode auxiliar as almas dos nossos irmãos.

"A função da educação é ensinar a pensar intensamente e pensar criticamente. Inteligência mais caráter: esse é o objetivo da verdadeira educação."
— Martin Luther King Jr.

Capítulo 21

MAIS ALGUMAS DESPEDIDAS

Minha sogra Clarisse tomou os antibióticos recomendados pela médica e refez os exames. A infecção urinária havia acabado. Depois de um tempo, o sangramento voltou. Fizemos novos exames, mas nada foi encontrado.

Logo após meu pai falecer, levei minha sogra a um médico de confiança na Zona Leste. Ele pediu vários exames, suspeitando de pedras nos rins. Na ressonância magnética, apareceu um tumor entre o útero, a bexiga e o intestino. Que desespero! Ela estava com sangramento. O Dr. Parreirinha providenciou um encaminhamento para o Hospital Santa Marcelina, referência do SUS em câncer ginecológico.

Imediatamente, fomos ao hospital. Refizeram e solicitaram mais exames. Fomos encaminhados para a área de oncologia.

A médica explicou que era um câncer do endométrio, crescendo em direção ao útero, próximo à bexiga e ao intestino. Ela teria que fazer dez sessões de quimioterapia e seis de radioterapia. Com essa técnica, esperava-se a diminuição do tumor, seguida pela cirurgia para a retirada dele.

Em 2020, em meio ao pânico geral da pandemia, com ela aos setenta e nove anos, perdemos cerca de quatro meses entre consultas e agendamento de exames. Iniciou a quimioterapia. Nós morávamos na Zona Oeste e o hospital ficava na Zona Leste. Meu esposo trabalhava como motorista de Uber, mas precisou parar para acompanhar a mãe e evitar trazer a Covid para casa. Íamos ao hospital de três a cinco vezes por semana, dependendo da ocasião. Havia as sessões e os acompanhamentos com três médicos: oncologista, radioterapeuta e quimioterapeuta. Meu esposo ficava no carro e eu entrava com ela. Praticamente passávamos o dia no hospital. Contratamos uma cuidadora, Jussara, meu anjo da guarda, para ficar com meu sogro e cuidar da minha sogra. Meu sogro Victor, com noventa e oito anos, não podia nos acompanhar.

Assim seguimos na pandemia, confiantes no tratamento.

No ano seguinte, 2021, eu estava à beira de um colapso de tanto esgotamento. Esses sintomas vinham há muito tempo. Com tantas demandas, não conseguia prestar atenção em mim. Ainda jovem, fui diagnosticada com cisto de ovário. Minha menstruação sempre foi desregulada, passando grandes períodos sem menstruar. Depois dos cinquenta anos, algumas vezes tive hemorragias, mas acreditava-se que era devido à menopausa.

Aos cinquenta e três anos, em um exame solicitado pelo médico ortomolecular Renato Furtado, com quem fazia acompanhamento há cerca de sete anos, descobri que o tratamento me ajudava muito com as demandas emocionais e físicas, incluindo artrose e pânico devido à epilepsia. O exame que deu alterado foi o CA de endométrio. Na época, fui à ginecologista, que mandou fazer mais exames. Ela me disse que estava tudo ótimo, que no máximo eu teria uma endometriose e, como estava entrando na menopausa, isso se resolveria por si só.

Sempre voltava e fazia os exames, tudo certo, mas continuava com sangramento. Achava que era devido ao processo da menopausa. No resultado do Papanicolau, deu classe dois e, no transvaginal, espessamento do endométrio, mas a médica dizia que estava tudo bem!

Cuidando da minha sogra, ouvia relatos de que demoraram muito para descobrir o câncer, que elas tinham sangramento e um cansaço absurdo e que existia um exame chamado histeroscopia, específico para indicar pólipo do endométrio.

Fui novamente à ginecologista e pedi a ela que me encaminhasse para a histeroscopia. Ela ficou irritada, dizendo que não havia indicação. Eu disse que minha sogra estava com câncer de endométrio e que algumas pacientes relataram a dificuldade do diagnóstico. Ela disse que só iria solicitar para eu tirar isso da cabeça!

No dia do exame, o médico me disse que não havia nada e eu podia ficar tranquila.

Depois, fui buscar o exame com a minha filha Joana. O médico abriu o resultado e ficou branco, dizendo: "Não sei como dizer. Para mim, não tinha forma ou mesmo cor de câncer".

Minha filha começou a chorar e eu perguntei ao médico o que deveria fazer agora. Ele me encaminhou para o cirurgião oncológico.

Fui ao cirurgião em outubro de 2021 e operei em março de 2022.

Nesse período, minha sogra havia terminado as sessões de quimioterapia. A tia Valdeci, irmã da minha sogra, disse que ficaria com Clarisse em sua casa para as sessões de radioterapia e eu a acompanhava nas consultas.

A sobrinha da minha sogra, Magali, estava aguardando uma cirurgia no pescoço e garganta, tudo enrolado, um tentando ajudar o outro e dando graças por não termos pegado Covid. Se pegássemos, a cirurgia teria que ser adiada. Só Deus para saber quanto tempo esperaríamos, pois o câncer não espera!

Acompanhar minha sogra não foi fácil. Presenciei o sofrimento de muitas pessoas com a mesma doença e a despedida da família quando o óbito se aproximava. Vi tantas coisas que acabava esquecendo de mim. Sempre acreditei que não cai uma folha da árvore sem a vontade de Deus. Se Ele permitisse que eu morresse, era porque chegara a hora. Mas eu pedia por saúde, pois também acredito na palavra Dele: "Se vocês, que não são bons, dão coisas boas quando seus filhos pedem, imagine Eu, que sou seu Deus!".

 No final de junho de 2021, minha sogra passou muito mal devido à reação da radioterapia. Meu sogro ficou desesperado. A tia Valdeci me falou que ele havia pedido a ela que tomasse conta da Clarisse, pois estava sentindo que iria partir.

 No dia 9 de julho, ele faleceu, um mês antes de completar cem anos. Que tristeza! Pense em um homem sábio, alegre, que lia muito, desde romances consagrados até a Bíblia e livros espíritas. Tenho muita honra de ter sido sua nora. Sempre lembrarei de suas palavras sábias e da forma como simplificava os problemas. Aprendi muito!

 Para a minha sogra Clarisse, tudo ficou pior. Ela perdeu seu companheiro de vida. Depois do tratamento, continuou morando com a tia Valdeci. Retornou para seu apartamento para escolher o que desejaria manter e doou para a cuidadora Jussara, que a acompanhou no momento mais difícil. Clarisse era muito apegada às suas coisas. A tia Valdeci foi muito bondosa, permitindo que ela levasse fogão, geladeira, máquina de lavar louça, máquina de lavar roupa.

 Minha sogra tinha a intenção de voltar a morar sozinha, mas, em todas as consultas, os médicos falavam da gravidade do seu caso. Ela olhava para mim como se não estivesse ouvindo nada. Quando me perguntava algo, eu repetia o que os médicos tinham falado, com muito tato. Não fui clara com ela, pois tinha receio de voltar a ser tão honesta como fui com meu pai. Sempre me punia por isso. Então, tentei ser o mais sutil possível.

 Acabou a radioterapia. Era o momento da cirurgia, mas a situação não podia ser mais crítica. Eu estava aguardando a minha cirurgia, agendada para março de 2022.

A médica, Dra. Raquel, solicitou um exame para verificar possível metástase no corpo dela. No retorno da consulta, verificou-se que havia metástase no intestino, pulmão e rim. A médica disse que não faria mais a cirurgia, pois o custo-benefício não valeria o risco, já que ela estava próxima dos oitenta e dois anos.

Quando saímos da consulta, fiquei sem reação, atônita e esgotada, sem forças para mais nada. Na sala da médica, ela chorou. Apenas a abracei, sem conseguir expressar nada. Do lado de fora, ficou toda feliz que não precisaria operar e disse que ficaria boa. Calei-me. Cada pessoa reage aos problemas de maneiras diferentes. Quem sou eu para julgar? Se para ela fosse melhor fugir, assim seria feito. Na mesma consulta, a médica receitou um medicamento de primeira linha, dizendo que seria o último recurso.

Em janeiro de 2022, ela parou de usar o medicamento devido aos efeitos colaterais. A partir desse momento, a piora foi iminente. Colocamos uma pessoa para ajudar a tia Valdeci, pois a cruz estava muito pesada. Ela já havia auxiliado no tratamento de câncer do pai, filho, marido e sobrinha. Agora, a irmã. Precisou ser muito forte, ainda esperando a cirurgia da filha Magali.

No dia 14 de março de 2022, fui para o hospital. Ainda havia o protocolo da Covid e ninguém podia ficar comigo. Francisco fez a internação e voltou para casa. O procedimento seria feito na manhã seguinte. Havia uma senhora fazendo a internação junto comigo, chorando muito, desesperada. Falei para ela agradecer, pois tínhamos a oportunidade de operar e lutar pela cura. Contei o que havia acontecido com minha sogra. Disse para se entregar a Deus e permitir que Ele trabalhasse a seu favor, descansando na fé em Cristo. Ela ficou muito calma. Depois, não a encontrei mais.

Pois bem, foi isso o que fiz. Segui meu próprio conselho. Nossa, que paz!

Senti a presença do meu pai no centro cirúrgico. Um tempo antes, havia sonhado com ele, e ele me disse que sabia do câncer e que eu deveria ficar tranquila! A Joana conseguiu, pela manhã, entrar no hospital e ficar comigo. Fiquei muito bem, depois tive alta e voltei para casa.

Mas a minha mente logo foi consumida de novo...

Eu estava muito preocupada com a situação da minha sogra. Não fiz o repouso que deveria fazer, achei que estava bem e voltei a acompanhá-la nas consultas. Percebi que os médicos não tinham mais o que falar e não marcaram a consulta de retorno.

Nesse período, eu continuava o tratamento e fui encaminhada para a braquiterapia. Graças a Deus, o tumor estava pequeno e não tinha metástase. Quando fui à clínica especializada, não pude começar o tratamento porque havia estourado um ponto internamente e eu deveria aguardar fechar.

Em maio, no Dia das Mães, minha sogra fez um esforço muito grande para ir ao sítio comemorar a data. Ela tinha adoração pelo filho. Comeu quase nada. Na mesma semana, precisamos tirar água da sua barriga. Já não conseguia mais se alimentar, começaram a ministrar alimentação por sonda, a nutrição enteral. Cada dia mais difícil. Já não tinha forças para andar, a levamos ao hospital e novamente foi tirado líquido da barriga. Ela estava extremamente lúcida.

Transcorridos mais uns dois dias, ela piorava e fomos novamente ao hospital. Conversei com o médico a sós, dizendo que a Clarisse era paciente do Santa Marcelina e estava fazendo tratamento há dois anos, que não tinha mais condições de ficar em casa e estava sofrendo muito. Gostaria que ela tivesse dignidade para morrer e sabia que existia um protocolo para isso. Ele examinou minha sogra e disse que iria interná-la.

Como repousaria para o ponto fechar? Sempre puxo para mim a responsabilidade. Tenho facilidade em conversar com os médicos e o doente acaba se sentindo seguro ao meu lado. Fiz o meu possível e o impossível! Os dias foram passando. À noite, contratamos uma pessoa para dormir com ela e, durante o dia, fazíamos um revezamento entre Magali, Joana, Francisco, a senhora que ficava ajudando a tia Valdeci, tia Valdeci e eu. A senhora que ficava à noite não vinha sábado, domingo e segunda-feira. Mesmo com todo esse batalhão, foi muito difícil. Ela ficou praticamente sem dormir e sofreu muito. Muitas pessoas da família estavam rezando por ela.

No fim, Clarisse veio a óbito no dia 5 de julho, praticamente um ano depois do meu sogro.

As duas almas foram se reencontrar...

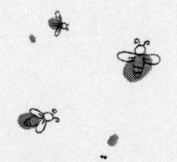

"O otimismo é a fé daquele que conduz à realização; nada pode ser feito sem esperança."
— Helen Keller

Capítulo 22

O FIM DE UMA JORNADA E O INÍCIO DE UMA NOVA!

Nesse momento, consegui voltar os meus olhos para mim. Fiz a braquiterapia, a técnica é fácil, mas depois complica, queimava por dentro. Fazia banho com camomila, sempre sentia dor.

Um grande momento pelo qual tenho muita gratidão foi quando terminei a braquiterapia. Minha amiga Eugênica organizou um almoço com as amigas professoras do Raul Pilla. Fiquei muito emocionada no dia. Estavam presentes Shirley, Eunice, Carla, Regina e Nelci. Eugênica é uma pessoa carismática e amorosa, sempre pronta para unir e celebrar a vida e lembro desse momento com muita gratidão.

Fui fazendo os exames para controle, até que o médico achou um nódulo e resolveu fazer outra cirurgia. Graças a Deus, o resultado foi benigno. Provavelmente, ocorreu com o ponto que não fechou e deve ter inflamado. A cirurgia foi refeita em 23 de dezembro, muito desconforto!

Tenho que relatar como foi difícil voltar a ter intimidade com o meu esposo. No primeiro momento, a dor, depois o desconforto. Sou muito grata e honrada de ser sua esposa, ele não cobrou absolutamente nada. Acompanhou-me, me acolheu e fez com que eu me sentisse linda, mesmo quando meu cabelo ficou bem ralinho (não perdi o cabelo, mas, devido ao estresse e ao processo, fiquei com as unhas fracas e o cabelo ralo). Precisei tirar três dentes. Apesar de tudo isso, ele não perdeu o olhar de admiração e amor!

Com tanta despesa, ficamos devendo para o meu irmão e minha irmã, no banco. Quando temos problemas, parece que tudo fica pior, um em cima do outro. O Francisco trabalhava como motorista de Uber. Com as doenças na família — pai, mãe e esposa —, ele não conseguia trabalhar, pois nos levava aos médicos e às terapias. Logo em seguida, veio a pandemia; não preciso falar mais nada. Trabalhar nem pensar, poderia trazer a Covid para casa!

Devido a um advogado corrupto, minha sogra, muito simples, assinou um documento que a separava do meu sogro. Com esse documento, ela receberia o auxílio do governo, mas perderia a aposentadoria dele (ela assinou sem saber o teor do documento). Já há algum tempo, ela havia parado de receber. Quando fomos fazer o recadastramento, falamos que ela era casada, então eles disseram que, pela renda, não tinha mais direito. Só quando meu sogro faleceu, ficamos sabendo que existia esse documento e, consequentemente, perdeu a aposentadoria dele. Enquanto meu sogro era vivo, complementávamos naquilo que era preciso, mas, depois desse acontecido, a gente precisou bancar todas as despesas.

O Victor deixou um dinheirinho de um seguro de vida em nome da Clarisse. Nos ajudou, mas não era o suficiente. Então, resolvemos reformar a casa que era deles para obtermos renda, com o financiamento do meu irmão. Logo que recebi o dinheiro de um precatório em março de 2023, pagamos tudo. Que alívio!

Continuo fazendo o acompanhamento da minha saúde; a cada seis meses, realizo todos os exames. Em um da mama, apontou um nódulo benigno. O mastologista pediu para fazer novos exames e continuar acompanhando. Sinto-

-me correndo de um bicho-papão. Acompanhei todo o sofrimento da minha sogra e das pessoas que faziam o tratamento no Santa Marcelina, mas também acompanhei a fé e a esperança de um dia melhor!

Caro amigo leitor, estou procurando palavras. Não tenho a intenção de provocar tristeza, muito pelo contrário, quero provocar em vossos corações superação. Essa é a palavra. Esse mundo é lindo, tudo tem um propósito. No momento, não conseguimos perceber. Quando passamos por tribulações, nos sentimos abandonados e nos perguntamos: Por que nós? O que eu preciso aprender? Devo ser uma pessoa ruim para passar por tantas provações.

Voltarei ao meu nascimento. Dom Bosco não disse que seria fácil a minha vida, mas disse que teria força para vencer os obstáculos.

Primeira prova, a epilepsia. Precisei aprender o autocontrole, ressignificar as frustrações, ser uma pessoa melhor e empática. Sabia o sofrimento do outro. O principal, a fé! Vocês podem me dizer: "O que isso fez de diferença na sua vida?". E eu respondo: Fui uma professora melhor, sensível o suficiente para acolher e ensinar. Ainda, essa doença me fez estudar cada vez mais sobre a psique humana, o que novamente me ajudou, principalmente quando fui mediadora de conflitos.

Percebi que, quando temos uma missão, sempre dispomos de um orientador no mundo espiritual. Não tenho dúvidas de que o meu é São João Bosco.

No início da carreira como professora, estava em um ônibus indo para uma das escolas. Entrou uma senhora, sentou ao meu lado e começou a conversar comigo, dizendo que chegara a hora de eu saber algumas coisas. Me deu uma revista e desceu do ônibus. Olhei pela janela, a senhora sumiu!

Quando olhei a revista, vi na capa uma foto de São João Bosco. Abri imediatamente e comecei a ler. Ele é um santo católico, considerado o santo da educação e das pessoas que têm problemas como epilepsia. A doença que tive. O dia de comemoração do santo é 31 de janeiro, meu aniversário. Seu método de trabalho gira em torno do amor, o mesmo que utilizo. Sabia que estava sendo um instrumento de Deus. Claro que não tive a perfeição de Dom Bosco, apresentei minhas limitações, mas ele fez grandes prodígios na minha vida pessoal. Quer mais? Então vamos lá!

Estava dando aula para jovens e adultos na suplência, no quinto ano. Os alunos apresentavam problemas de alfabetização. Na casa da minha irmã Ângela, comentei esse fato com ela, que me disse que naquela semana haveria um curso sobre alfabetização, mostrando um novo método. Perguntou se eu gostaria de participar, prontamente respondi que sim.

No dia do curso, a empresa ficava em Campos Elíseos. O professor deu início à aula relatando sobre o método Dom Bosco. Ele falou que naquela rua havia a Igreja Sagrado Coração de Jesus, com uma relíquia do santo. Meu coração batia forte, sempre quis conhecer mais sobre sua história.

No almoço, resolvi não comer e corri para a igreja. Lá, havia muitas imagens de santos, mas corri sem pensar para o lugar certo. Ajoelhei-me e chorei, chorei muito. Uma senhora chegou ao meu lado e pediu para eu ajudar a rezar pelo seu filho que tinha epilepsia e havia sumido. Ela disse que sempre que tinha problema com o filho, corria para pedir a intercessão de São João Bosco. Rezamos juntas e voltei para o curso. Parecia que eu havia escrito a aula. Saí satisfeita, dizendo para mim mesma que estava no caminho certo!

No ano seguinte, no dia do meu aniversário, resolvi assistir a uma missa em homenagem a Dom Bosco. Nessa missa, estavam Francisco, Ângela, Luzia, Francisco, marido da Ângela, e Franklin. Logo que Joana entrou na igreja, ficou deslumbrada e disse que iria se casar naquele local. E assim o fez.

Na explicação do evangelho, o padre começou a falar de Dom Bosco, olhando fixamente para mim. Depois, me deu o microfone e disse que sabia que eu tinha uma linda história com ele!

    A artrose veio para me parar. Tinha que iniciar um novo ciclo, a mediação de conflitos, trabalhar com as almas mais de perto, sentir suas dificuldades. Perceber que passamos por processos dolorosos, alguns conseguem superar e outros ainda estão trabalhando e nem têm consciência do trauma sofrido. Não devemos e não podemos julgar ninguém, podemos e devemos amar e ter compaixão. Estamos no mesmo barco e podemos fazer a diferença para outro irmão!

    O câncer. Como uma pessoa que ama e perdoa pode ter essa doença? Na justiça humana, quem tem câncer é uma pessoa má, egoísta, arrogante, que não perdoa ninguém e precisa sofrer para pagar os pecados. Trabalhei a minha vida inteira contra tudo isso. O que será? Queremos encontrar uma justificativa. Será que existe? Não sei. Tentei trabalhar para compreender e aceitar tudo. Tive muitos problemas e tentei resolvê-los ao máximo com amor.

    Tive dificuldade com a minha sogra. Ela tinha muito ciúme do meu esposo. Fazia de tudo para ela gostar de mim. Quando ela morreu, cheguei à conclusão de que estava tudo bem ela não gostar de mim. Não era obrigada. O importante é que eu gostava dela e fiz o meu melhor.

    Minha irmã Ângela dizia que, muitas vezes, a doença vem para haver uma modificação em quem está ao redor do doente. Procuramos justificativa para tudo. E quanto mais velha fico, mais digo que não sei nada! Só sei que estamos em um mundo de provas. Cada ser humano passa por suas dificuldades. Se aqui fosse tudo perfeito, seria o céu. Estamos vivendo uma ilusão, não podemos esquecer que estamos de passagem. A nossa única preocupação é sermos cada dia melhores!

    Amigo leitor, sempre tive o desejo de escrever esse livro e partilhar a minha história. Não por me achar melhor ou pior que ninguém, mas fui percebendo muitas almas sofredoras que acreditavam merecer aquele sofrimento e paralisavam a vida, achando que Deus tinha que, por um milagre, fazer tudo. Tenho muita fé. É claro que acredito em milagres e na ajuda de Deus. Sei que nós somos uma centelha divina. A nossa força e o nosso Deus estão dentro de nós. Abram o coração, agradecendo os percalços da vida. Não estamos aqui de passeio. Temos que evoluir e aprender com as nossas dificuldades. Cada um de uma forma diferente. Uns são testados com situações financeiras, outros com relacionamentos familiares, parceiros, filhos, outros com saúde. Em algumas provas, tudo junto: financeiro, família, saúde, emprego. A carga fica muito pesada. Podemos colocar todas as preocupações nas costas de Deus, mas não podemos desistir. Continuar nos tratando, procurando emprego, não olhar o defeito do outro, procurar melhorar o nosso.

Amar, amar, amar.

Perdoar, perdoar, perdoar.

Não se preocupe que o outro não te amou ou não te perdoou. Faça a sua parte, libere todo o sentimento de abandono, mágoa e revolta. Exija esse comportamento de você. Perdoe-se, se ame, não se abandone. Seja gentil. Se tenho dificuldades para mudar, como posso querer mudar o outro? Ninguém muda ninguém. A pessoa muda quando ela achar por algum motivo que deve mudar. Meu amigo leitor deve estar pensando: "É muito fácil falar. Se tivesse a minha vida, diria isso?".

Por isso escrevi sobre a minha vida. Poderia ter complicado muito quando tive epilepsia. Poderia não ter trabalhado e me justificado na doença. Com a artrose, poderia não ter atuado com mediações de conflito e permanecido na escola sentada, vendo o tempo passar, me justificando por não conseguir andar. Fiz fisioterapia, atividade física e coloquei em prática aquilo que havia aprendido em prol dos outros.

Quando me aposentei, poderia ter dito que estava cansada e não ter trazido o Quarteto Fantástico para morar ao meu lado e ajudá-los. Poderia ter dito que não ia cuidar da minha sogra porque ela não gostava de mim e ainda falava mal de mim. Isso é ela, não sou eu. Fiz o meu melhor e peço perdão por aquilo que muitas vezes não entendi. Não posso errar justificando o erro de outra pessoa. Simplesmente lembre-se: é uma alma aprendendo. Não tenho o direito de condenar. Ainda estou no processo de aprendizagem.

Há momentos em que erro, me perdoo e refaço o caminho procurando acertar. Há momentos em que acerto e sou grata por mais uma lição aprendida, tentando vigiar!

No processo do câncer, poderia me justificar e não ajudar mais ninguém, me fechando em uma redoma, me sentindo coitada. Continuei cumprindo a minha missão com a minha sogra e sogro, que infelizmente partiram, e continuo fazendo o que posso para ajudar a minha mãe. Você pode me perguntar: Por que tantas provações? Para aprendermos a cada dia o valor da vida, o valor de um emprego, o valor da saúde, o valor de um companheiro, o valor de um filho, o valor do pai, da mãe ou de quem te criou, o valor de aprender e, principalmente, o valor da fé.

Quando terminarmos a nossa jornada, seremos acolhidos com muito amor e a esperança do dever cumprido!

Enfim, fui capacitada para escrever este livro, dando o exemplo da minha jornada e buscando inspirar outras almas a superar seus problemas e, apesar deles, continuar sendo vagalumes em meio à escuridão!

Não escrevi este livro porque acho minha história melhor do que a de ninguém. Todas as vidas, todas as histórias, têm um propósito. Todos os seres humanos são importantes e devemos amar e respeitar o tempo de cada um. Deus nunca deixou de nos amar quando pecamos; Ele ama o pecador, mas não o pecado. Com que direito podemos criticar uma alma aprendiz? Sei que há pessoas tóxicas, pessoas que estão presas ao ego. Quando fazem algo para alguém, é para chamar a atenção, se fazem de coitadas, jogam na cara tudo o que fazem e acham que têm o direito de tratar mal o próximo. Realmente, é muito complicado conviver com pessoas assim, mas, se prestarmos atenção, essas almas estão sofrendo. Elas se sentem perdidas e agridem, sem perceber que o problema está nelas. Deus coloca espelhos na nossa frente, não para imitarmos o que não é bom, mas para entendermos o que não devemos ser.

Nesta vida, tive a oportunidade de observar famílias destruídas por inveja, ciúmes, soberba, falta de compreensão e falta de amor. Algumas vezes, o espelho reflete a mesma essência, mas, infelizmente, só conseguimos enxergar o defeito do outro. Somos capazes de tirar o cisco do olho de uma alma, mas não somos capazes de tirar o mesmo cisco do próprio olho!

Nessa jornada de alma aprendiz, temos que prestar muita atenção: quase tudo é ilusão. Se pensarmos, não temos nada — casa, dinheiro, fama, filho, marido, mãe, pai...

Viemos sozinhos e voltaremos sozinhos.

Só levaremos o "ser da alma" — a caridade, a misericórdia, as lembranças afetivas, o amor que cultivamos, o autoperdão, o perdão que liberamos...

Então, por que insistimos em permanecer cegos, permitindo que a ilusão seja a prioridade?

Caro amigo leitor, muitas vezes me pego pensando e refletindo sobre o perdão. Para muitos, o perdão fere o orgulho, pois parece que estamos nos rebaixando perante o outro. Mas, na verdade, estamos nos libertando do outro. Quando nos libertamos e libertamos o outro de uma obsessão de alma viva — o ressentimento de ambas as partes —, deixamos de reviver a história o tempo todo, de alimentar mágoa e raiva. Esses sentimentos nos trazem mudanças hormonais, depressão, falta de paz, falta de amor. Não foi suficiente a violência que um cometeu contra o outro? Não estamos dando muito poder a essa pessoa, tanto nesta vida como na outra? É justo continuar sofrendo?

O perdão me liberta para a paz e para o amor. Ele tira as correntes dos meus pés e me permite caminhar livre, entendendo que todos podemos, pela falta de maturidade, nos enganar e ferir nosso irmão de caminhada. E a única maneira de fazer alguém perceber seus enganos é tentando sempre dar o exemplo. E se falharmos, corrigir a rota, nos perdoando!

    Amigo leitor, é com muita satisfação que compartilho minha história, tendo a consciência de que ainda vou aprender muito. Se algo do que escrevi fizer sentido para você, aproveite! Que você tenha uma jornada maravilhosa. Não se apegue aos problemas, mas sim à solução.

    Viva muito, aproveite, este planeta é lindo.

    Viva cada dia com gratidão.

    Se desejamos um mundo melhor, não esperemos que o outro mude.

    Faça você a diferença.

    O grão de areia do mar é bem pequeno, mas, quando estão todos juntos, se tornam um só.

    Feliz jornada!

AGRADECIMENTOS

Gratidão! Gratidão!

Amo essa palavra e sinto toda a sua energia. Dentro dessa história, tenho muitas almas a agradecer, começando pelo meu marido, que está sempre me apoiando e vibrando com as minhas conquistas!

A minha irmã Ângela, que me fez acreditar que seria capaz de tal proeza!

A minha querida e madura filha e ao meu querido genro, sempre procurando me auxiliar e apoiar!

A minha mãe, que literalmente me deu a vida e os seus melhores anos de juventude!

Ao meu pai, que no silêncio me ensinou o sentido do amor e o serviço ao próximo!

Aos meus irmãos, Alfredo e Luzia, que me amaram nos momentos mais difíceis da minha vida e sempre permaneceram ao meu lado!

Aos meus netos, Matheus e Sofia, que me ensinaram o amor incondicional!

Aos meus cunhados, que precisaram tolerar uma menina pentelha que acredita na alma humana!

Aos meus sobrinhos queridos, que me trouxeram a leveza e o encantamento da juventude!

Aos amigos, primos e tios que, de forma direta ou indireta, contribuíram com meu crescimento!

Principalmente, e muito honrada, aos meus queridos alunos, com os quais aprendi mais do que ensinei!

Amo todos vocês!

TIPOGRAFIA:
DK Midnight Chalker (título)
Untitled Serif (texto)

PAPEL:
Cartão LD 250g/m2 (capa)
Pólen Soft LD 80g/m (miolo)